拐点沟通

打造企业内部无障碍沟通

孙安达 • 著

企业管理出版社
EMPH ENTERPRISE MANAGEMENT PUBLISHING HOUSE

图书在版编目（CIP）数据

拐点沟通：打造企业内部无障碍沟通 / 孙安达著
.-- 北京：企业管理出版社，2017.5
ISBN 978-7-5164-1514-6

Ⅰ.①拐… Ⅱ.①孙… Ⅲ.①企业管理—研究 Ⅳ.
①F272

中国版本图书馆CIP数据核字（2017）第096544号

书　　名：拐点沟通：打造企业内部无障碍沟通
作　　者：孙安达
选题策划：周灵均
责任编辑：周灵均
书　　号：ISBN 978-7-5164-1514-6
出版发行：企业管理出版社
地　　址：北京市海淀区紫竹院南路17号　　邮编：100048
网　　址：http://www.emph.cn
电　　话：总编室（010）68701719　　发行部（010）68701073
编辑部（010）68456991
电子信箱：emph003@sina.cn
印　　刷：香河闻泰印刷包装有限公司
经　　销：新华书店
规　　格：170毫米×240毫米　16开本　13.5印张　174千字
版　　次：2017年5月第1版　2017年5月第1次印刷
定　　价：45.00元

沟通就用TA

时至今日，我作为国际沟通分析协会（ITAA）的教师和督导师，在中国教授TA（沟通分析）已近30年。不过，我的主要工作其实一直都在我的国家瑞典。我是心理治疗师和心理学家，我的公司在马尔默，名称是“生活治疗讲习所”（Institute for Life Therapy，IFL），是一家私人的心理学机构。

坐飞机时，我总会把一本书带在身边，有多少次我已经记不清楚。这是一本小小的简装书，现在已经相当陈旧并有些撕裂了，一些页面几近脱落，我用胶带把它修补起来。作为一名TA理论教师，它就像我的急救药箱，以备我授课发生遗忘时使用。它就是埃瑞克·伯恩长久以来的畅销书《说完你好说什么》（What Do You Say After You Say Hello），副标题是《人类命运的心理学》。埃瑞克·伯恩是TA理论的创始人。

现在，我非常高兴，也非常荣幸为一本全新的、关于人类命运心理学的TA理论书写序，这本书由我在北京的学生孙安达所著。就在近期，我也非常愉快地为周司丽写了序，她新翻译了《说完你好说什么》一书。我希望伯恩经典著作的中文译本也能够被许许多多中国读者反复阅读。同样，我也希望孙安达这本全新且颇具创意的TA理论书能够成为中国当代万千读者手中的TA理论经典著作。

在我那本较老的英文版《说完你好说什么》的封面上，有一幅非常有趣的图画，一个男人和一个女人正在互相说“你好”，不过他们上方却各自画着三副面孔：最上方的面孔是他们在彼此礼貌地微笑；中间的面孔是他们在互相冷静地观察对方；最下方的面孔是他们彼此厌恶，嘴里说着“滚开！”

《拐点沟通——打造企业内部无障碍沟通》这本书中，孙安达用准确的语言阐释了上述封面图画的含义。孙安达通过本书揭示了人际沟通背后的秘密：“不是两个人在沟通，而是六个人在沟通。”没错，这就是所有好与不好的人际沟通背后的秘密与本质。我们有父母自我状态，因为我们由重要他人抚养长大，我们会复制他们的想法、感受和行为；我们有针对此时此刻的成人自我状态，他负责对正在发生的事情进行核查与回应；我们有儿童自我状态，是你过往的成长经历在此刻的呈现。任何一个人与另一个人沟通时，都会呈现“父母”“成人”和“儿童”三套思维、情感与行为，双方会用任何一种自我状态交谈。人们通常会根据情况很快地转换自我状态。有时双方都在用成人自我状态交谈，有时又会转换成儿童自我状态与父母自我状态的对话，而有时又会变成儿童自我状态之间的对话，或其他方式。健康的人可以在适当的场合运用全部自我状态，就像孙安达所说，在沟通中，虽然你只意识到了自己和对方，但真正涉及的是“六个人”。难怪有时我们真的很难理解沟通过程中到底发生了什么，更不用说如果我们不知道沟通背后的秘密了。

自从我和我IFL的同事安妮卡·比约克（Annika Björk）、罗兰·约翰松（Roland Johnsson）在中国教授TA理论以来，已经产生了三本TA理论的原创书，分别是杨眉和我的《人际沟通分析学》（2013）、徐丽丽的《四大沟通模式》（2014）以及孙安达的《拐点沟通——打造企业内部无障碍沟通》。我非常感谢杨眉、徐丽丽和孙安达利用他们深厚的知识，娴熟地将伯恩美国式的人格心理学改写为适合中国文化的著作。这让我想起了1970年的自己，那时我刚刚成为一名TA理论的教师，为了让TA理论适合瑞典的语言和文化，我也做了相似的努力。回头来看，那时的我正走在把TA理论带到中国的路上。现在，孙安达已经成为将TA理论完全带到中国的一员。

父母（P）、成人（A）和儿童（C）被称为“自我状态”，孙安达传达了伯恩做出的明确定义。自我状态是TA理论与方法的基石。伯恩曾说，如果你能用自我状态分析事情，就是在使用TA理论。如果不能，就不是在使用TA理论。孙安达在书中完全体现了这一准则，他用真实的日常生活案例精准、实用地帮读者理解自我状态。当你能认识到自己其实是在以三种自我状态与别人的三种自我状态“相互缠斗”时，你将会豁然开朗，获得深刻的体验，你的沟通技能也将大幅提高，与他人建立更融洽的关系。

本书具有两大特色，一是孙安达侧重理解和运用自我状态中恰当有益的部分，二是孙安达聚焦于TA理论在商业和组织中的运用。因此，孙安达的书重点非常突出。他将伯恩在自我状态方面独具匠心的发现直接用于提升组织中的人际沟通（伯恩在自我状态的基础上建立了整套人格理论）。我们每个人都会在这样或那样的组织中度过大部分工作时光，改善沟通所带来的效果是难以想象的：组织内部和组织之间的合作更加顺畅，沟通成本降低，无数的工作者将会更加轻松！

孙安达的用语简单、直接，而且提供了很多清晰的案例，读者可以直接参考这些案例改善他/她与亲戚、朋友、同事、客户、工作伙伴、老板及下属间的沟通。然而，孙安达的书的意义远不止提供案例和描述沟通技巧，更重要的是，他为读者介绍了一个稳健的“理论”。该理论在50年间，接受了世界各地人们的检验，并可以用于处理“各种”情况。当你理解了自我状态理论（理解起来并不难），你就可以在任何时间、任何地点，和任何人使用它，无论是亲密的朋友，还是新认识的讲外语的商业伙伴。人们的文化各异，但心理相通。每个人都毫无例外地拥有父母（P）、成人（A）和儿童（C）三种自我状态。当你能够与对方的每种自我状态对话并建立联系，你将与他建立更好的关系；当你能与他建立更好的关系，就能与他签订更好的合同。没有什么比一个好理论更实用了！

国际沟通分析教师及督导师

（瑞典）托马斯·欧嘉瑞博士

中国沟通分析协会副秘书长

中华女子学院心理系讲师

香港中文大学哲学博士 **周司丽（译）**

2017年5月

TA对组织的价值你想不到

当我拿到孙安达的这本沉甸甸的《拐点沟通——打造企业内部无障碍沟通》，我的心情是欣喜的，因为我们TA大家庭中又有新的作者出现了——带着他的累累硕果！TA的书籍清单中又有新成员加入了——TA理论在国内的实践应用又往前迈进了一步。

仔细读完安达的这本书，感觉非常实用，他不但介绍了沟通分析学的基础概念，更是用了大量篇幅告诉我们如何应用这些概念。

安达从2008年接触TA理论，后来又参加了中国沟通分析（TA）协会的系统培训，师从托马斯博士。他在多年的培训工作中应用TA理论，讲沟通之道，讲领导力，讲心态，积累了大量的沟通案例，在本书中随处可见。用TA理论解读这些案例，深入浅出，能帮助读者更好地理解TA理论的精髓。

安达以“沟通的拐点”开篇很抓眼球，“沟通质量的好坏就是‘一句话’的事儿”。接着引用著名的“外企女秘书PK总裁”事件解释了什么是沟通的拐点，生动形象。往小了说，沟通拐点处理不好会影响一次沟通的质量；往大了说，会影响一个人的命运。沟通在生活中无处不在，只要我们身处人群之中，就会发生大量的沟通。沟通分析学就是研究人的沟通模式及背后的原因的，揭示决定沟通质量背后的神秘力量！

本书以沟通分析学为主要框架，以知彼知己、审时度势、模式选择、心理定位、发展关系、掌握分寸及决定在我七个部分为主线展开论述，探寻TA理论的沟通解决之道。

沟通问题对于组织和个人都同样重要。对于组织，我们可以看到，因为沟通不畅，部门之间壁垒森严，相互指责、相互推诿，造成沟通效率低下的现象比比皆是；对于个人，你是否能在工作中游刃有余，是否能拥有好的职业发展机会，是否能拥有幸福的家庭以及良好的人际支持系统，这一切都和沟通有关。

通过对本书的学习我们可以了解到，TA理论的自我状态能够帮助我们知彼知己、审时度势，能够意识到个人的自我状态及沟通环境对于沟通的过程和结果有着至关重要的作用，能否做到在沟通中随机应变、把握时机，关键就看你对沟通主体（自己）、沟通客体（对方）及沟通环境的了解、判断以及随之而来的应对了，这一切往往只发生在几秒钟的时间里。安达在这部分列举工作中的沟通案例解释了如何觉察并调整个人的自我状态，从而真正地实现自我管理。因为TA理论是用来改变自己的，不是用来改变别人的，你自己成长了，沟通的走向自然会发生变化，一切尽在无影无形中调整并升华。正如伽利略所言：人是不可改变的，只能帮助他发现自己！

本书中有两章尤为精彩，即发展关系和决定模式。在发展关系一章中，作者用大量的篇幅介绍了TA理论中最温暖的概念：安抚。没有哪个理论能像TA理论这样将安抚上升到如此高的层次上。不论在组织中还是在个人生活中，安抚的作用都是非常强大的，安抚是生活的维生素，安抚是组织中的润滑剂及激励团队的助推剂。安达在介绍安抚技巧时除了告诉我们应用正面安抚及负面安抚的注意事项，还强调了零安抚对人际关系的巨大破坏作用。讲到安抚，我不由想起在TA理论培训的课堂上托马斯博士讲的一段话："TA理论的安抚分正面安抚、负面安抚和零安抚（不给安抚），最差的是零安抚（不给安抚）。零安抚（不给安抚）是对一个人做的最大的伤害！"不论是在工作单位还是在学校亦或是家庭里，这样的做法经常发生。在组织中领导经常用零安抚的方式去惩罚员工，以期用这样的刺激让员工重新鼓起斗志，殊不知这样的工作"冷暴力"恰恰浇灭了员工心中积极向上的火苗，弄得员工身心俱疲，倦怠而抑郁。这对于组织效益的提高，对于组织点燃员工不断追求高效、创新的激情是种致命的伤害。对于学校也是同样的情形。一位做教师的朋友曾对我说过，在他们学校，老师对一位考试失利的孩子就采取不搭理的态度，孩子向她问好就故意不回应，目的是让孩子知道考不好老师就不会理他。这就是将零安抚当成激励的典型例子。零安抚会给孩子小小的心灵带来怎样的伤害我们可以想象得到，更可怕的是，家长表示认同，坚定地和老师站在一起。所以说安抚的学习，对于组织的领导者非常有益，对于老师和家长也同样意义重大。

在TA理论中，有三个"决定"，即"早期决定""自主决定"及"再决定"，作者在决定模式这一部分引用了热门新闻事件"火锅店热水浇人"，对这三个决定做了很好的诠释。对于一个成年人，当遇到问题时，尤其是突发事件时，你是在成人状态中冷静、快速地分析判断，进行正确的自主决定呢，还是不自觉地进入到脚本里，启动早期决定，做出错误的选择呢？这是一个令人深思的话题。通过对TA理论的学习，想必大家会找到答案！

这本《拐点沟通——打造企业内部无障碍沟通》是安达多年培训实战的精华总结，体现了他对TA理论的深刻理解，也体现了他对沟通案例的分析及把控能力，更体现了他将自己的实践与其他管理思想融合的智慧。

对于想提高自己的沟通力、改善人际关系的个体，以及提高组织效益、激发团队动力的领导者，这本书都能提供可参考的理论及工具，同时还能提供很好的方法以供实战操作。相信这本书能助力大家成为工作交往中的沟通达人，成为生活中的赢家。

期待TA理论的精神随着这本书的推广得到更好的传播，也期待安达在未来有更好的作品问世！

中国沟通分析协会会长　**陈蕾**

2017年5月

人生五次学沟通

致亲爱的读者：

孙安达的新书《拐点沟通——打造企业内部无障碍沟通》即将出版，我反复读了数次，收获颇多。这确实是一本可以帮助我们提升沟通能力的好书，特向读者真诚推荐。

我以为，现代人在一生中要完成五次沟通学习。

第一次，是在儿童时期，主要是和父母、祖父祖母、外祖父外祖母及其他家人学习沟通。重点是要学会表达自己的感受，满足自己最基本的生理需求和情感需求。

第二次，是在青少年时期，学会和老师、同学及异性沟通。开始交朋友，学会提问题，满足各种好奇心，学习各种知识，学习表达爱慕，为将来进入社会、参加工作、组建家庭做准备。

第三次，是进入工作期，学会和上级领导、平级同事、下级部属以及商场客户、合作伙伴、竞争对手沟通，学会对工作结果负责，学会创造财富，实现经济独立。

第四次，是为人父母期，学会和自己的孩子沟通，特别是子女的青春期和自己的更年期碰撞时，借助子女的青春活力防止自己观念落伍、思想僵化。

第五次，是人生探索反思期，具体时间因人而异，可能贯穿整个人生。学会和自己的心灵沟通，根据人生过往的经历，探索自己内心世界的真正追求。

沟通，表面上看就是个口腔发声、互相对话的简单事情。实际上，沟通是一个人的价值观、知识、志向、意愿、沟通技能、心理素质、性格特征、说话经验的综合体现。

人们在五次沟通实践中应该完成从小孩子心态到心理成熟的转变。小孩子心态的人和心理成熟的人在沟通上有什么本质区别呢?

小孩子心态的人，在沟通中以表达自己的需求为主，如果不能达到目的就怨天尤人，或无理取闹，或灰心丧气，在书中这种情况被称为儿童自我状态；而一个心理成熟的人，首先要想明白自己沟通的目的，同时更重视沟通的方法，如果没有达到效果，从自己身上找原因，努力改进，在书中这种情况被称为成人自我状态。

这两种状态并非泾渭分明、非此即彼，而是一个不断学习探索、不断实践感悟、不断进步成熟的连续过程。

在现实社会人际交往中，你会发现，我们往往并不缺乏良好的动机，也非常希望得到美好的结果，但为什么人际交往中还会产生那么多的沟通拐点，造成那么多的沟通误解和冲突呢？正确的做法到底是什么?《拐点沟通——打造企业内部无障碍沟通》这本书为您揭示了内在的原因：在于每个人心理状态的能量不同、心理定位的启动不同，还有沟通方式的错误运用，以及沟通环境等因素的直接或间接影响。

孙安达是一位优秀的职业人，更是一名优秀的培训者，还是我职学理论研究的亲传弟子。他新颖的沟通培训课程，已经走进许多企业以及南开大学等著名学府。他的原创著作《拐点沟通——打造企业内部无障碍沟通》，在总结运用前人沟通智慧的基础上，通过自己的实践，以及在工作上和培训中积累的大量经验和案例，由浅入深、旁征博引，为读者呈现了一套行之有效的沟通技术和方法。这套沟通技术和方法，尤其对一个人的职业生涯发展有非常大的帮助。

人在一生的成长过程中，学会有效沟通是必修课。

学习上不会沟通，难以向老师、师父学到真谛；

家庭里不会沟通，难以享受亲人间的天伦之乐；

朋友间不会沟通，难以感受友情，会成孤家寡人；

工作上不会沟通，难以发挥才干，没有优秀业绩；

与自己不会沟通，难以获得内心宁静，坐立不安。

如果您能静下心来认真阅读此书，比较自己平时的沟通方式，一定会发现自己原来沟通不畅的原因所在，并应用其中所教方法加以改进，同时您也能用这些方法来帮助自己的家人、朋友和同事。

学习《拐点沟通——打造企业内部无障碍沟通》，利己、利人、利社会；善于沟通，享受人生！

管理学博士、管理学教授

职学、职家创始人

职业生涯发展咨询导师　**程社明**

2017年5月于云鼎花园

我与TA的不解之缘

沟通是我们每天都要做的事情，可以说它既简单又复杂。说它简单，就是一句话的事儿，说它复杂，也是一句话的事儿，甚至可以说成也一句话，败也一句话，而在这一成一败之间，人生的喜怒哀乐、悲欢离合、尔虞我诈和是非曲直展现得淋漓尽致，让人惊叹不已。

上下五千年，人们没有片刻停止对人际间如何顺畅沟通的探索，从孔子的“巧言令色，鲜矣仁”，到老子的“多言数穷，不如守中”，再到美国心理学家阿尔伯特·米拉比安（Albert Mehrabian）对非语言交流领域的研究，可以说他们的努力为人类的顺畅沟通、和谐发展和社会进步做出了突出贡献。在这些大家当中，美国心理学家埃瑞克·伯恩（Eric Berne）是我们不得不提的一位，是他创立了TA（Transactional Analysis）理论，并找到了人际间顺畅沟通的基因密码PAC。可以说伯恩仅用P、A、C这三个英文字母就把千百年来复杂的沟通变得简单化了，这不能不让我们佩服。作为一门解决人际间沟通难题的理论，TA理论不仅有效促进了人际间的和谐交往，更为重要的是它为人类的心理健康发展做出了突出贡献。虽然这位老人已经辞世，但他注定会被世人永远铭记。

沟通理论早在20世纪50年代就已经在美国面世了，但直到50年后才被带到中国。对此我们必须要感谢另外一位沟通大师，来自瑞典的托马斯·欧嘉瑞（Thomas Ohlsson）博士，作为国际沟通分析协会（ITAA）的一名资深TA理论研究专家，是他把TA理论带到了中国。10年来，托马斯·欧嘉瑞博士坚持来中国传授TA理论，通过他的悉心传授以及在中国沟通分析协会的陈蕾会长和徐丽丽副会长等人的大力推动下，TA理论得以在中国快速传播，并受到了越来越多的中国人的关注和喜爱。作为其中的一员，我非常感谢托马斯·欧嘉瑞博士能把TA理论带到中国，这不仅在于我能有机会跟他一起学习，更在于他为中国人带来了急需的礼物。因为经济的发展，国人逐渐富裕起来，身体健康方面得到了长足的发展，但心理健康方面却落后于身体健康的发展，而他所传授的TA理论恰恰弥补了我们这方面的不足。

我与TA理论结缘要追溯到2008年，那一年我正在中国科学院心理研究所就读，课上田宝博士为我们讲授了TA理论，当时我就被这个能够有效解决沟通难题的心理学理论震惊了。与田宝博士课下攀谈得知，他的TA理论是学自一位叫托马斯的TA理论专家，但很遗憾他回国了。毕业以后，我并没有放弃想要深入学习TA理论的想法，不断地通过网络搜寻有关TA理论的文章以及托马斯来中国讲学的消息。2012年终于得知中国沟通分析协会即将举办由托马斯·欧嘉瑞博士主讲的TA理论系统课程，我喜出望外，于是主动联系上了陈蕾女士并报了名。这一学就是四年，到今年年底就将完成国内最后一个阶段也就是TA202-8的学习。

跟随托马斯·欧嘉瑞博士深入系统的学习，让我迅速成长。作为他的学生，我一开始就把TA理论的学习和应用定位在了组织发展领域。四年来，我累计收到100多家企业130余次邀请为5000多位学员进行了TA理论的授课，通过学员和组织者的反馈，我能够感受到他们获益后的欣喜以及对我的感激之情，这更加坚定了我在组织领域内教授TA理论的决心。2014年我在程社明博士的影响和帮助下，确立了自己的职业锚，将培训师作为自己的终身职业，同时确立了自己的职业矛，把“TA理论在组织发展中的应用系列课程”作为自己的品牌课程。我要像自己的导师托马斯·欧嘉瑞博士一样，毕生致力于TA理论的研究和应用，用自己所学，传播TA理论，为中国的企业健康发展贡献自己的微薄之力。

经过八年理论学习、六年实践，我完成了《拐点沟通——打造企业内部无障碍沟通》一书的写作。该书以伯恩的TA理论为基础，紧紧围绕着一个核心点——如何保障一个人正确使用自我状态，从知彼知己、审时度势、模式选择、心理定位、发展关系、掌握分寸及决定在我七个方面进行了论述。

考虑到广大读者的阅读心理和为中国本土企业服务的需要，本书并没有完全理论化，而是通过全新的视角结合实践来审视、诊断和解决我们本土企业经常出现的一些沟通问题，力求使语言通俗化、理论工具化。所以非TA人士读懂它并不是什么难事。

关于此书的写作，努力做到了几点不同：

其一，研究主体不同。大多出版的沟通书籍研究的主体是沟通，强调沟通对了，关系就对了，组织就对了；而本书研究的主体是人（确切地说是人格)，强调人对了，沟通就对了，关系就对了，组织也就对了。

其二，研究层面不同。其他的沟通书籍一般在“术”和“器”（“术”指技巧，“器”指工具）的层面来研究沟通；而本书是在“道”和“法”（“道”指本源或根本，“法”指理论和规律）的层面上来研究沟通，做到了以道御法，以法御术，以术御器。这也意味着TA理论是从“根本”上来研究沟通，治标治本，以实战助己助人。

其三，解决问题的思路不同。一般的沟通书籍解决沟通问题的思路是直接指向“对方”，试图通过不变的“技巧”来改变别人、控制别人，以达到沟通目的，但效果往往并不是很理想；而本书解决问题的思路是把矛头对准“自己”，先解决自己内心“三个自我”之间的协调问题，然后再去解决人与人之间沟通的问题，这也是“人对了，沟通就对了”的要义。

其四，效果不同。很多的沟通书籍关注问题的解决，忽略了效果，就像你去药店买药，通常你想买什么药，对方就卖给你什么药，或者你说哪里不舒服，对方就根据你提供的信息挑选你需要的药卖给你，至于结果如何却被忽视了；而本书努力做到由表及里地解决你在沟通中遇到的问题，即先诊断，然后根据诊断的结果为你开出“药方”，从根本上解除“病患”。

心有源，能自在。这句话最能表达这些年来我学习TA理论的感受。八年来，正是对TA理论的学习、实践、整合和应用才让我找到了心灵之源，使我改变了错误的“惯性成长”路径。同时，我还用TA理论帮助一些人解决了他们遇到的沟通难题。饮水思源，在此，我需要特别感谢：

埃瑞克·伯恩先生，虽然他已辞世，但没有他当年的努力挖掘，后人就无法品尝到TA理论的甘甜。

我的导师托马斯·欧嘉瑞博士，没有他不远万里来到中国传授TA理论，就没有我今天的成长和改变。

中国沟通分析协会的陈蕾会长，没有她把TA理论引入中国这一举措，我就没有机会系统地学习到TA理论。

中国沟通分析协会的徐丽丽副会长，对于本书，您给了我很多专业上的指导建议。

田宝博士，没有您当年的授课，也就没有我与TA理论的结缘。

恩师程社明，您是那个让我鼓起勇气写书的人，没有您的鼓励、督促、建议、指导和帮助，也就没有这本书的尽快面世。

吴庆老师，除了专业的指导建议，您还给了我出版方面的帮助。

南开大学程江博士为本书提供沟通案例（本书采用了两个），并主动帮我审阅书稿，同时给了我很多宝贵的指导和建议。

东风集团培训中心王鸿泽副院长，对本书做了细致的校对，并对书中有关国学的内容做了指导。

津房置换人力资源经理周莹女士，同意我在本书中使用她与女儿的沟通案例。

孟蛟师妹，你是第一个建议我写书的人，正是那次沈阳之行的建议让我有了写书的想法。

侯秀杰同学，为本书做文字上的第一次修改、核对。

祝宏同学，为本书的序言所做的修改、核对。

陈虹、李明达和李晶宝，在我与托马斯·欧嘉瑞博士的邮件沟通过程中给我翻译方面的无私支持与帮助。

感谢崔一平、王凯、李伟、罗辉、王巍、崔晓婧、李薇、文博、安征、孙涛、马振卫、唐永华、王冬妮、江晓卉、陈婷、王鸿泽、高志杰、余腾华、赵晓静、李文、高同波、吴远汉、闫石，你们是我重要的合作伙伴，没有你们提供的授课机会，就没有我对TA理论的信心积累和因此而取得的成绩。

特别感谢香港中文大学哲学博士、中华女子学院心理系讲师、中国沟通分析协会副秘书长周司丽女士把托马斯·欧嘉瑞博士为我写的推荐序翻译成中文。

孙安达

2017年5月于天津

目录 CONTENTS

第四章
心理定位：沟通结果取决于内心 / 081

第五章
发展关系：人际关系需要安抚 / 101

第七章 决定在我：告诉你如何选择和决定 / 163

绪 论

沟通拐点的TA解决之道

点睛之语

任何一次成功的沟通，都不是赢在结果，而是赢在拐点。

讲沟通，就要废话少说，开篇就鲜明地亮出我们的观点。沟通质量的好坏就是“一句话”的事儿，而这句话我们称之为“沟通的拐点”。下面简述一下沟通拐点的TA理论解决之道，以帮助读者了解本书的内容、研学要点及方法。

1. 沟通的拐点

所谓沟通的拐点，就是在一定的时间和空间环境中，两个人从原点A开始沟通，原本想到达B点（想要达成的沟通目标），但因为过程中的一句话而发生了变向，最终拐到了C点（不是双方想要的沟通结果）。这就是沟通的拐点，如图1所示。

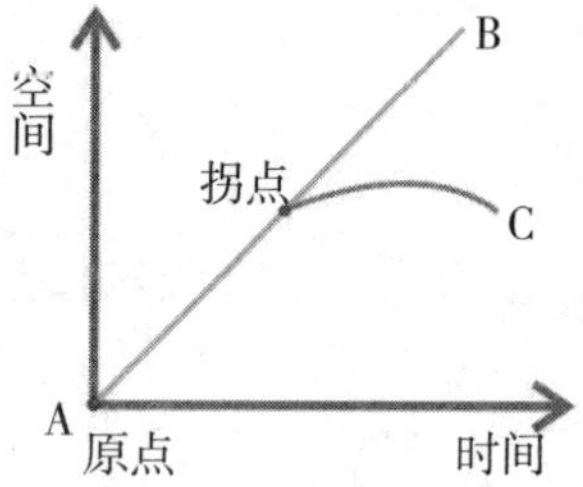

图1 沟通的拐点

沟通拐点有两个特点：第一，只要沟通出现问题，一定有拐点发生；第二，沟通的拐点有时发生在沟通之初，有时发生在过程之中，还有的发生在沟通的后半段。不过，有四种特殊情况需要大家注意：一是两个人还没有开口表达，拐点就已经发生了。二是拐点发生在一次沟通之后。三是对于沟通中出现的拐点，两个人都有责任和机会给予修正和改变。四是从过程和结果来看，处理得好，可以让沟通保持在正确的沟通轨道上，直达两人想要的沟通结果；处理得不好，就会改变初衷，沟通目标无法达成。

为了便于理解，用一个案例《李经理该怎么办》来诠释一下沟通的拐点。案例中的张经理和李经理是一个公司两个平级部门的经理。

李经理："在这个问题上我们还有点分歧，我们再花点时间讨论一下吧？"

张经理："这事不是明摆着吗？有什么可讨论的！"

李经理："……"

案例中张经理的回答就是沟通的拐点。处理得好，两个人相安无事；处理得不好，双方就会恶语相向，矛盾和冲突由此而发生。当然最终受损失的则是公司。

再看一个发生在企业中的沟通案例：《外企女秘书PK总裁》。

2006年4月7日晚，EMC大中华区总裁L回办公室取东西，发现自己没带钥匙。此时，他的私人秘书R已经下班，也联系不到她。于是，L在4月8日凌晨1点通过内部电子邮件系统给R发了一封措辞严厉的谴责信：

"我星期二曾告诉过你，想东西、做事情不要想当然！结果昨天晚上你就把我锁在门外，我要取的东西都还在办公室里。问题在于你自以为是地认为我随身带了钥匙。

从现在起，无论是午餐还是下班后，你要跟你服务的每一名经理都确认无事后才能离开办公室，明白了吗？"

当发送这封邮件时，L同时传给了公司几位高管。

面对大中华区总裁的责备，两天后，秘书回了一封更加咄咄逼人的邮件。她在邮件中用中文回复道：

"第一，我做这件事是完全正确的，我锁门是从安全角度考虑的，如果一旦丢了东西，我无法承担这个责任。

第二，你有钥匙，你自己忘了带，还要说别人不对。造成这件事的主要原因是你自己，不要把自己的错误转移到别人的身上。

第三，你无权干涉和控制我的私人时间，我一天就八个小时工作时间，请你记住中午和晚上下班的时间都是我的私人时间。

第四，从到EMC的第一天到现在为止，我工作尽职尽责，加过很多次班，我也没有任何怨言，但是如果你们要求我加班是为了工作以外的事情，我无法做到。

第五，虽然咱们是上下级的关系，也请你注重一下你说话的语气，这是做人最基本的礼貌问题。

第六，我要在这强调一下，我并没有猜想或者假定什么，因为我没有这个时间也没有这个必要。”

本来，这封口气强硬的回信已经够令人吃惊了，R还选择了更加过火的做法，回信的对象选择了EMC（北京）、EMC（成都）、EMC（广州）、EMC（上海）。EMC中国公司的所有人都收到了这封邮件。

不久，这封“女秘书PK老板”的火爆邮件被数千外企白领接收和转发。作为“邮件门”事件的主角，R很快辞职，L也被EMC调离原任。

案例中，沟通双方的第一个拐点出现在L身上，就是那封措辞严厉且带有强烈谴责性质的邮件。当问题发生后，L总裁的目的是希望秘书改进今后的工作，不能让类似的事情再次发生，因此他完全可以采用平和的语气把昨晚的事情描述一下，然后给出秘书工作上改进的建议。这样一来，秘书接到邮件后一定会选择先行道歉然后做出改进的方式。

第二个拐点是L把这封邮件同时转发给了公司的其他几位高管，这样的做法就有些过火了。作为领导，对下属有些做法发火也属正常，R在一定程度上也能够接受。但是，L千不该万不该把事态进行扩散化处理，这应该是R不能接受且选择还击的主要原因。

综上所述，L犯了“事态扩大化”之忌，最终落了个两败俱伤的结局。

工作中，类似上述的沟通案例每天都在上演，虽说内容各有不同，但相同的是都有拐点的发生；而决定沟通结果的，往往就是出现拐点的那句话。往小了说，拐点会影响一次沟通的质量；往大了说，拐点会影响一个人的命运。所以我们要特别重视沟通中拐点的问题。

千里之堤，溃于蚁穴。沟通拐点虽说是“一句话”的事儿，但千万别小看这“一句话”的破坏力，它会给企业和个人带来很大的影响。

先来看沟通拐点对于企业的影响。

《团队建设》一书的作者指出，在对六大洲16个国家的200多家企业的调查中，“沟通能力”被列为紧随“客户服务”之后的第二大工作能力。

另外，据盖乐普调查结果显示，在招聘MBA时，企业最重视的是沟通能力、团队协作和分析能力。

其实，企业管理的过程，实际上就是沟通的过程。沟通对于企业重要性有三个70%之说：第一个70%是，企业70%的岗位都对应聘者提出了具备良好的沟通能力的要求；第二个70%是，管理者70%以上的时间所做的工作都与沟通相关；第三个70%是，企业70%以上的障碍来自沟通不畅。从以上三个70%的数据可以看出，沟通能力对于企业来讲非常重要，它直接关系到工作效率高低的问题。

所以，在企业中管理者总把一句话挂在嘴边：沟通对于我们来讲非常重要。

关键是，对于沟通问题，强调重要是解决之道吗？

十年前美国著名未来学家奈斯比特曾说过这样一句话：“企业未来的竞争是管理的竞争，竞争的焦点在于每个企业内部成员之间及其与外部的有效沟通上。”十年过去了，曾经的未来已变成了现在，那么企业的沟通现状又如何呢？

在慧聪网上有一篇《这样的组织很糟糕》的文章，很有代表性。作者张立伟在文中总结出糟糕企业的八个特点，其中位列第一的就是缺乏沟通。文中写道："糟糕的企业是缺乏沟通的，组织内部的成员总是各做各的，相互之间勉强维持着松散的关系，他们拒绝沟通、自以为是，甚至不愿意参与到组织的正常工作中来，内部成员对组织的认同度十分有限，所谓的沟通和协调只不过是相互指责和推卸责任，部门与部门之间更是壁垒森严……"

作者的这番论述为我们呈现了很多企业沟通方面的乱象，可以说这样的企业比比皆是。谈到这个问题，很多身在企业之中的管理者一边点头表示认同一边大倒苦水：我们企业就这样！由此看来，十年过去了，沟通乱象并没有因为它的重要而得到任何改观。

这不得不让我们思考，一方面沟通之于企业非常重要，另一方面很多企业又在沟通方面频频出现问题（沟通中有拐点发生）。出现这些沟通问题，是某些人故意而为吗？是管理者不想解决吗？是企业不重视吗？若不是，那到底是什么原因导致的呢？

再来看沟通拐点对于个人的影响。

企业是由人构成的，企业中的沟通问题一定与人这个因素有关。我们聚焦在"人"这个因素，看能否从个人这个角度有所发现。

沟通是我们每天都要进行的事情，所以沟通在人们的工作和生活中显得有些平淡无奇。也许正是由于这样的特点，很多人并没有对沟通问题产生的原因进行过真正的思考。现在，我给大家提供一次这样的机会，请思考以下三个问题：

第一个问题：从出生到现在，你和多少人沟通过？

这个问题很简单，是关于沟通数量的。反馈的答案类似：没统计过，反正很多很多。

第二个问题：到目前为止，你都和谁沟通过？

这个问题是关于沟通对象的。其实稍微动一下脑筋也不难回答，人是生活在一个个系统里面的。在家庭这个系统里，与父母、孩子、丈夫（或妻子）、亲戚沟通过；在学校这个系统里，与校长、老师、同学沟通过；在企业这个系统里，与上级、下级、同事、客户和供应商沟通过；在社会这个系统里，与朋友、合作伙伴和陌生人沟通过。

第三个问题：回想一下，在上述这些角色中，和哪些人沟通比较顺畅，和哪些人沟通不顺畅？再想一想，这是为什么？

如果说第一个问题是关于沟通数量的，那么第三个问题就是关于沟通质量的，特别是对于“为什么”的回答更值得我们思考。

为什么要问上述三个问题呢？英国前首相丘吉尔曾经说过：一个人可以和多少人沟通，就代表这个人的成就有多大。这句话中的“多少”，丘吉尔指的应该不仅仅是数量，更多的是指沟通的质量。

仔细想想，身为社会中的一分子，其实沟通质量与我们每个人都息息相关。在工作上，一个人毕业后能否找到心仪的工作与沟通质量相关，一个人工作是否顺利与沟通质量相关，一个人事业能否成功更是与沟通质量相关；在生活上，一个人快乐不快乐与沟通质量相关，一个人幸福不幸福与沟通质量相关，甚至一个人能不能找到心仪的对象，都与沟通质量相关。可见，沟通质量不但决定着你我的生活是否幸福，还决定着你我的事业是否成功；而沟通拐点恰恰是破坏沟通质量的罪魁祸首，所以我们必须要重视它，并要想办法防患于未然或给予改善。

2. TA理论的沟通观

既然沟通拐点如此重要，也足以引起人们的重视，但让我们困惑的是，每个人学习沟通的时间都不短了，甚至有些人在尚未出生的时候，妈妈就开始教他沟通。可以这样讲，你多大年龄，你就学习了多长时间的沟通。即便如此，你会发现人与人之间在沟通的时候还是会出现拐点问题，甚至在一个人身上会反复出现。问题到底出现在哪里呢?

据授课的现场调查显示，大多数人认为是沟通技巧的问题。可我们日常学的沟通技巧还少吗？你在百度上输入“沟通技巧”四个字，显示出来的相关结果约14 100 000个（截至2016年12月30日的数据），可见主要原因并不是沟通技巧。

一部分人认为是情绪的问题。没错，很多沟通拐点的出现的确与人们的负面情绪有关，但有些拐点却是在一个人心平气和的情况下发生的。这又做何解释呢?

还有一部分人认为是性格的问题。教育机构各种性格分析课程比比皆是，甚至在网上都可以听到这方面的课程，而且还可以找到测评问卷来了解一下自己。但是，在与他人沟通时还会出现问题，原因何在?TA理论告诉我们，原来性格分析是一种行为分析语言，通过对不同人的外在行为进行分析并加以归类，从而得出不同的性格特点。通过学习，在一定程度上可以帮助你做到知彼知已，但在回答如何改变的时候，各种性格分析理论给出了这样的使用之道：性格没有好坏之分，需要扬长避短；性格很难改变，需要灵活处理。当然，各种性格分析理论皆认为“江山易改，本性难移”，就是建议你去适应一个人而不要试图改变一个人。这样局限性的观点也就带来了局限性的结果，即在一定程度上能够避免出现沟通问题，却无法彻底解决沟通问题。

通过上述分析我们发现，对于沟通中出现的拐点问题，以上影响因素只具有相关性，而不具有因果性。也许有人会问，既然TA理论是专门研究人与人之间如何顺畅沟通的理论，那么TA理论是怎样看待这个问题的呢？它又是如何解决人与人之间的沟通拐点问题的呢?

对于人际沟通中之所以出现拐点问题，TA理论有它独特的观点：问题出现在人们对“自我状态”的使用上（“自我状态”是指一个人此时此刻表现出来的思维、情感以及行为，可视为TA理论的核心。第一章将会详细介绍这个概念）。该理论认为，每个人都拥有属于自己特色的三种自我状态，分别称之为父母自我状态（“父母”的英文单词是Parent，故用大写字母P来表示此状态）、成人自我状态（“成人”的英文单词是Adult，故用大写字母A来表示此状态）和儿童自我状态（“儿童”的英文单词是Child，故用大写字母C来表示此状态）。两个人的沟通就是两个人使用彼此的三种“自我状态”进行沟通，在环境因素作用下，正确使用“自我状态”交换信息，沟通就会顺畅；不正确使用“自我状态”交换信息，沟通就会出现拐点问题。请看下面这段发生在员工和经理之间的对话，沟通环境是临近下班时。

员工：“领导，现在几点了？”

经理：“五点二十了。”

员工：“谢谢。”

经理：“不客气。”

在上述案例中，员工使用的是成人自我状态（A）向经理发出了问询时间的信息，期待着经理能够告诉他此刻的时间；而经理接收到员工的问询信息后，同样使用了自己的成人自我状态（A）进行了回应。一次成功的信息交换在友好的氛围中顺利完成，如图2所示。

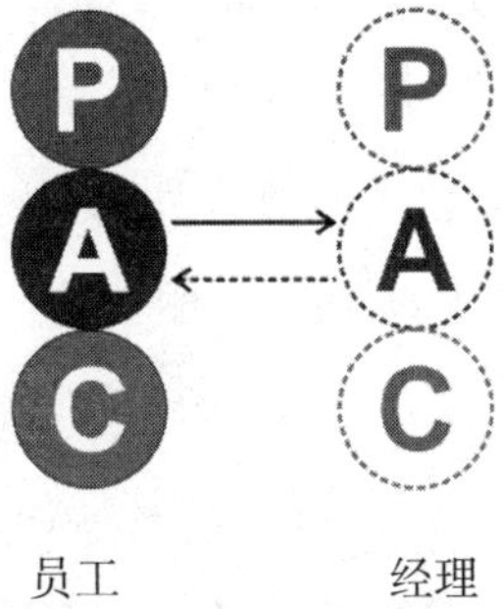

图2　A–A的沟通

假设经理回应的时候，使用的不是成人自我状态而是其他的自我状态，结果会怎样呢？

员工：“领导，现在几点了？”

经理：“你着什么急？还没到下班时间呢！”

员工：“……”（愕然）

同样的沟通环境，员工向经理发出了问询时间的信息，而经理自认为员工此举是想早点下班，很不高兴，于是使用了父母自我状态（P）进行回应，话语中自然体现出了批评、指责的意思。这也是一种自我状态，但与成人自我状态（A）完全不同，于是沟通拐点出现了。这种回应对于员工来讲是出乎意料的，他本意是想问一下时间，没想到会招致经理的误解和指责。与第一次相比，这次沟通因经理错误使用了自我状态而发生了质的变化。试想，如果员工此时进行辩解，两个人很有可能会发生不快、争吵甚至冲突，两个人之间的矛盾也就由此而产生了。如图3所示。

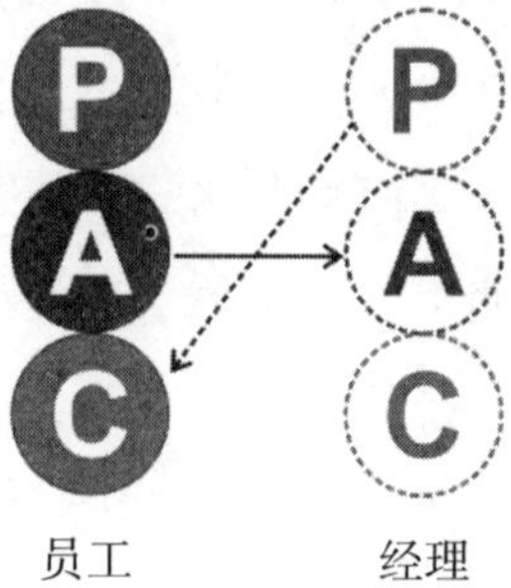

图3 A–A被P–C交错的沟通模式

通过上述两次对话的对比我们不难看出，经理使用不同的自我状态来回应，给员工的感受是不一样的。第一段对话中双方内心的感受都比较好，而第二段对话中双方的感受都不怎么好。这种方式的对话偶而出现一次不会有太大的问题，如果经常出现，那就会影响上下级关系。

事实证明，在环境因素作用下，两个人正确使用“自我状态”交换信息，沟通就会比较顺畅；错误使用“自我状态”来交换信息，沟通就会发生拐点问题。这便是沟通中经常发生问题的根本原因。

3. TA理论的沟通解决之道

找到了原因，解决问题的思路也就明晰了。在一定的沟通环境下，只要想办法来保障两个人正确地使用自我状态，那我们的沟通质量就会得到有效提升。本书就是以TA理论为基础，紧紧围绕着“如何保障两个人正确使用自我状态”这个核心点，从知彼知己、审时度势、模式选择、心理定位、发展关系、掌握分寸、决定在我这七个方面来展开论述的。

一是知彼知己。这里把沟通双方分别称之为沟通主体和沟通客体。

首先发出信息的人是沟通主体，而接收到信息的人是沟通客体。主体与客体沟通使用的是“自我状态”，嘴巴只是传播的载体而已，而“自我状态”才是沟通的主导者。“知彼”的意思是，沟通主体在沟通前和沟通过程中，要对沟通客体的“自我状态”能够觉察并进行准确的判断，实现这一点，才能做到有针对性地与之沟通。“知己”的意思是指沟通主体在沟通前和沟通过程中，要能够随时觉察自己的“自我状态”并进行准确的判断，看是否适合与对方沟通。如果适合，沟通就继续下去；如果不适合则要进行相应调整。

TA理论认为，人与人之间的沟通，就是彼此“自我状态”之间的交流与协调。可以说沟通成也“自我状态”，败也“自我状态”！如能在沟通的时候做到知彼知己，那么沟通质量的提高就会达到事半功倍的效果。

二是审时度势。审时度势讲的是沟通环境。两个人平时见面问候“你吃了吗”这很正常；但在如厕后问候这句话就不合适了，因为地点（外部环境）不对。同理，一个人正处在气头上和在心平气和的时候，我们与之沟通的结果也是不一样的。上面这两个例子说的都是环境对于沟通的影响。不同之处在于，第一个例子说的是外部环境的影响，第二个例子说的心理环境的影响。

TA理论认为，环境比遗传更能影响人格的形成。可见沟通环境对于一个人的自我状态是有影响的。因此，我们与他人沟通时不但要注意彼此自我状态的选择，还要考虑沟通环境的影响。这就是审时度势的必要性。当然，我们也可以通过调整内部环境和设置外部环境来改变沟通主、客体的自我状态，从而帮助我们达成沟通目标。

三是模式选择。在我们的工作和生活中，存在着太多的“沟通患者”，他们通常表现为：“口冷嘴黑”“说话爱抬杠”“经常与人话不投机”“动不动就爱发火”“轻易不出口，出口即伤人”“指桑骂槐”“话里有话”等行为。每每与人沟通时都会出现一个差的结果。事后自己也知道说话不中听，也想改变，却苦于找不到原因和办法，最后只好用“我就这样，爱咋咋地”的无赖之语来苟且度日。殊不知他们是受困于一种无效的沟通模式与人交往，或交错或隐匿，致使沟通无法顺畅地进行下去。

埃瑞克·伯恩通过对人际沟通的研究，发现两个人在使用自我状态进行沟通的时候存在有三种沟通模式，分别为互补式沟通、交错式沟通和隐匿式沟通。这三种沟通模式的出现，让每一个“沟通患者”看到了自我疗愈的希望。无论哪种沟通模式，都与一个人自我状态的使用有关。通过对书中本章内容的学习，可以有效地帮助我们根据环境的需要选择适合的自我状态与他人进行沟通，从而避免沟通拐点的发生。

四是心理定位。简单地说，心理定位是个体接收到外界“刺激源”之后而启动的信念系统，它控制着一个人的想法、看法、解释以及之后的言行。埃瑞克·伯恩认为，一个人在小孩子的时候，受成长环境的影响，形成了四种与别人交往的心理定位（有的书籍译为心理地位、生命地位），分别为“我好，你也好”“我好，你不好”“我不好，你好”和“我不好，你也不好”。

由于心理定位控制着一个人的想法，想法又以一定的言行呈现于外，因此，心理定位对于沟通的影响是显而易见的，有什么样的心理定位，就会有什么样的言行出现。这一点对于沟通意义重大，因为它能够从根本上帮助一个人提升沟通质量。

五是发展关系。卡耐基说过，一个人事业上的成功，15%是由于他的专业技术，85%要靠人际关系和处世技巧。那么，什么样的人际关系才是好的呢？那就是“和谐”。“和于物，则诸事顺；和于人，则得多助；和于心，则处之泰然；和于行，可左右逢源！”对于一个人如此，对于一家企业也如此！

人际关系是企业环境的重要组成部分；而TA理论恰恰就是促进人际间和谐的最有力的工具！如果使用得当，可以有效帮助企业创造出和谐的人际环境，从而保证企业中的人力资源呈现出最佳的工作状态。

六是掌握分寸。良好的沟通得益于双方平等、真诚的态度。有些人之所以能够成功，并不是他们比别人聪明，也不是他们比别人勤奋，而在于他们在说话做事时把握得恰如其分，懂得见好就收。一句话：他们善于掌握分寸。

TA理论中一个非常重要的概念——“边界”（Boundaries）（有的书籍中也翻译为“界限”），通过对这个概念的学习能够帮助我们实现掌握分寸的目标。在这个板块里，我们将用平实的语言、生动的案例来帮助大家透彻理解边界理论。掌握了这个理论，不仅在沟通中能够掌握分寸，我们的“自我状态”也能够轻松自如地发挥作用。

七是决定在我。“决定”是沟通中表达和回应的最后环节。话说出去就会立即产生作用，就像射击时扣动扳机一样，所以要格外慎重。在这里，我们将用选择——决定模式来教会大家如何正确决定。

在TA理论中，有三个带“决定”的词语，分别是早期决定、自主决定和再决定。这三个“决定”的意思各不相同。早期决定中的“决定”指的是一个人在小孩子的时候，从感觉而来，而不是出于深思熟虑。当一个成年人再一次使用早期决定来处理眼前的事情，我们称之为他进入自己的人生脚本里了。自主决定中的“决定”与脚本无关，仅与当下有关，即当一个人正视当下环境时他内心的思考与决策，是一个人的成人自我状态（A）所为。再决定中的“决定”是改变的意思，是相对于早期决定来说的。既然早期决定是一个人的儿童自我状态（C）早年所为，那么再决定也必须由儿童自我状态来改变，当然也会得到其他自我状态的支持。

知道了这三个“决定”还不够，我们还要重点关注这三个“决定”出现的时机问题。首先，需要你关注的是早期决定还是自主决定。沟通的过程中，当你接收到刺激后，你是进入脚本里，用儿童自我状态来应答，还是立足当下，用成人自我状态来应对，不同的选择会带来不同的结果。其次，需要你关注的是自主决定。如果此时你有更多的选择，那么这个决定就会更加科学合理。最后，需要我们关注的是再决定。TA理论坚信，人们既然有决定的能力就应该有再决定的能力。解铃还需系铃人，不论我们何时何地做了什么样的决定，这个决定都是可以改变的。这样的定义为人们犯错后的自我反思和改变提供了可能。

以上七个方面，就是本书的主要内容和精华所在。在接下来的章节中，将对各个方面进行详细的论述，力求做到深入浅出，为大家呈现出通俗易懂、拿来即用的沟通解决之道。

同时，还要提醒大家，沟通拐点可能在沟通过程中随时发生，所以，为了能够随时切入进行预防与干涉，我们把沟通过程划分为三个阶段。这三个阶段怎样划分比较合理呢？让我们看一看《史记·鹖冠子》中记载的一段魏文王和扁鹊的对话。

魏文王问扁鹊：“你兄弟三人，哪一个最擅长医术？”扁鹊说：“我大哥最擅长，二哥其次，我最不擅长。”魏文王说：“为什么？”扁鹊说：“我大哥看病，发现病害没有形成就消除了病因，所以他的名声传不出家门；二哥治病，病害刚一萌芽就消除了，所以他的名声传不出街巷；像我这样的，用针灸刺血脉，给病人吃烈性的药，用药膏敷肌肤，所以名声传得出来，在诸侯间闻名。”

受此启发，我们把预防与干预沟通拐点的过程划分为事前控制、事中觉察和事后解决三个阶段。先来看事前控制。你若问消防员，你们的工作重心是防患还是救火？他一定回答：防患为主，灭火为辅。沟通也是一样，对自我状态的使用应三思而后行，要防患于未然。提升沟通质量的最好方法就是不让沟通拐点发生。再看事中觉察。沟通质量是沟通主体和沟通客体的共同责任。两个人都要为此付出努力方有想要的结果。所以在沟通的过程中，双方都要有敏锐的觉察意识，随时觉察自己和对方“自我状态”使用情况，一旦发现有拐点要发生就要立即调整，从而把沟通拐点消灭于萌芽之中。最后看事后解决。如果沟通拐点已经发生，我们仍然要有能力和办法对问题进行反思和分析，吸取经验和教训，从而避免同样的问题再次发生，甚至反复发生。这样的理念体现在本书每一个章节里。

读者可能会有这样的疑惑：说着容易，谁有这么大的能量或控制力来按此方法进行沟通呢？我们从TA理论中可以找到肯定的答案。我们的信心来自埃瑞克·伯恩先生在构建TA理论时提出的三个哲学论断。

第一，人都是好的。人的本质是好的，但有时会有不好的行为发生。一个人上班时常迟到，他的领导仍然欣赏其工作能力，但不会欣赏这种迟到行为。这样一分为二的评价和理解，对其接下来的行为会有积极的影响，很容易让对方接受并反思自己，从而能够有效避免一些潜在的矛盾和冲突。

第二，TA理论相信每一个健康的人都具有思考的能力。沟通问题发生了，我们首先要找到问题的出处，看问题是出现在沟通主体身上还是沟通客体身上，抑或是出在沟通环境上。然后动用自己的思考力来分析问题产生的原因，并给予针对性的彻底解决，从而把大事化小，小事化了。

第三，人决定自己的命运，而所做的决定是可以改变的。所谓解铃还需系铃人，不管我们何时何地做了什么样的决定，这个决定都是可以改变的。

上述三个哲学论断说的都是人的主观能动性。其实，每个人都具备解决自身问题的能力。这让我们能够更加自信地从“人”这个角度来解决沟通问题了。所以，不论现在你是什么样的沟通水平，都不要怀疑自己。请你带上十足的自信，跟我们一起开始这段愉快的沟通成长之旅吧！

第一章

知彼知己

“人格识别法”借你一双慧眼

点睛之语

人际沟通背后的秘密：不是两个人在沟通，而是“六个人”在沟通。

“知彼知己”，出自《孙子·谋攻篇》：

知胜有五。（战争胜利可以从五个方面来预测。）

知可以战与不可以战者胜。（打仗之前进行准确分析与判断，评估能打还是不能打的，就能保证胜利。）

识众寡之用者胜。（懂得根据敌我双方兵力的多少来采取相应对策的，就能保证胜利。）

上下同欲者胜。（全军上下一条心，共同应敌，就能保证胜利。）

以虞待不虞者胜。（以有充分准备来对付毫无准备的敌人，就能保证胜利。）

将能而君不御者胜。（有出色的将帅，君主不加干预，就能保证胜利。）

此五者，知胜之道也。故曰：知彼知己，百战不殆；不知彼而知己，一胜一负；不知彼不知己，每战必败。（以上五点就是评估战争能否胜利的规律。所以，了解敌方也了解自己，每一次战斗都不会有危险；不了解对方但了解自己，胜负的概率各占50%；既不了解对方又不了解自己，一定会出现败仗。）

其实，沟通如同作战。一次高质量的沟通不仅取决于沟通者懂得沟通技巧，还取决于对沟通时机能否做到准确地判断，是否有充分准备，是否了解对方的性格特点和人格特质，双方对于沟通结果的达成是否有共同的愿望。

在沟通中做到“知己知彼”的方法有很多。古人通常以面相或事相来识人，比如庄子的“九征识人法”、鬼谷子的“揣情识人法”、吕不韦的“八观六验识人法”、诸葛亮的“识人七法”以及曾国藩的“冰鉴识人法”等。后来，人们又发明了像心理测评、性格分析等更加先进科学的识人方法。今天，我们要学习的是一种新的方法，这里称之为“人格识别法”，即通过TA理论中的PAC人格结构分析，实现沟通中的“知彼知己“的目的。

第一节 PAC人格结构分析

TA是一种人格理论。对于“人格”这个词，没学过心理学的人理解起来是有一定难度的，但TA理论的发明人埃瑞克·伯恩仅用一个词“自我状态”就让它变得通俗易懂了。他认为人格有三种形态，每一种形态都有一套自己特色的思维、情感与行为，于是埃瑞克·伯恩便把“思维、情感与行为”统一起来，用“自我状态”这个词进行了概括性的表述，每个人人格的三种形态就被分别称为父母自我状态（P）、儿童自我状态（C）和成人自我状态（A）。

知道了人格结构的同时，埃瑞克·伯恩还告诉我们这样一个事实：自我状态与沟通是紧密联系的，即人与人之间的沟通，表面上是两个人在沟通，实质上却是“六个人”在沟通（两个人运用各自的三种自我状态在沟通）。这样的表述让我们豁然开朗，对“人对了，沟通就对了，关系就对了，世界就对了”这句话立刻就理解了。要想解决沟通问题，必先解决人的问题；若想解决人的问题，必先解决人的自我状态的使用问题。自我状态用对了，人就对了；人对了，沟通就对了，人际关系就对了，世界也就对了。所以，人的自我状态才是解决沟通问题的首要因素。

一、什么是自我状态

若想提高沟通质量，我们首要的任务是搞清楚自我状态的来龙去脉，这是让它为我所用的前提。

电影《复仇者联盟》中有这样一句台词："你把枪放下，我保证不让另一个我出来！""另一个我"指的是"谁"呢？从TA理论的视角这个问题不难回答，指的是他的另一个自我状态。

自我状态是人际沟通的基本单位。它对于人际沟通的重要性就如同26个英文字母之于英语、7个音符之于音乐、0和1之于计算机的重要性一样。

"自我状态"是TA理论的一个核心概念。它描述的是一个人某一时刻的内在思维、情感和外在行为。每个人都有三种自我状态：父母自我状态（P）、成人自我状态（A）和儿童自我状态（C）。

父母自我状态（P），是指一个人不假思考地拿过去养育者（养育者，泛指爸爸、妈妈、爷爷、奶奶、外公、外婆、保姆或者老师等角色）的思维、情感与行为来处理当下所面临的问题。可以理解为"拿来主义"。这种状态体现出一个人指责、批评、控制、责任感、道德观念和对规则的认同等人格特质。

儿童自我状态（C），是指一个人运用自己小时候的思维、情感与行为来处理自己当下所面临的问题。我们可以理解为"还像个孩子一样"。这种状态体现的是一个人欲望、情感和非理性等方面的人格特质。

成人自我状态（A），是指一个人针对此时此地的实际情况所反映出来的思维、情感与行为。我们可以理解为"活在当下"。这种状态体现出一个人的理性、判断、计划和推理等人格特质。

二、自我状态在人际沟通中的体现

上述三种自我状态在人际沟通中是如何体现的呢？请看下面这个三口之家在晚饭前的对话。

爸爸："儿子，给你二叔打个电话，叫他过来喝酒！"

儿子："好的！"

不一会，儿子回来汇报说："二叔来不了，二婶说他在家洗衣服呢。"

爸爸："完犊子玩意儿！要是我啊……"

说到这儿，妈妈拿着铲子从厨房出来了。

妈妈："说说，要是你怎么地？"

爸爸："要是我，要是我……要是我早洗完了！"

我们运用PAC这三种自我状态对这段对话进行剖析。

"儿子，给你二叔打个电话，叫他过来喝酒！"爸爸对儿子说的第一句话是客观、理性的事实描述，在TA理论中这是爸爸的成人自我状态在表达。

"完犊子玩意儿！要是我啊……"这句话是爸爸对二叔的不满。通过儿子的反馈，爸爸心里很清楚这是弟媳妇不让二弟来喝酒。无论从语言上还是语气语调上都带有他对二弟"怕老婆"的批评和指责，而且还有在孩子面前"要要威风"的意味。这种状态与先前的成人自我状态完全不同，在TA理论中被称为父母自我状态。

这时，妈妈拿着铲子从厨房出来了："说说，要是你怎么地？"伴随着妈妈更加强势的父母自我状态的出现，爸爸的父母自我状态随之而变："要是我，要是我……要是我早洗完了！"由之前的示强迅速变为了示弱，这多么像一个善变的孩子，在TA理论中被称为儿童自我状态。

有人可能会问：哪个状态下的我才是真正的我呢？答案是，无论哪种状态下的你都是真正的你！

每个人每天的每一时每一刻都在体现着他的自我状态。正常人是能够在合适的时间、合适的地点自由地使用自己的自我状态。人与人之间的沟通就是各自运用三种自我状态进行沟通的过程。

第二节 自我状态的形成与发展

自我状态的成长质量决定着你的沟通质量，所以我们有必要对这三种自我状态的形成与发展一探究竟。

人是环境的产物。《论语·阳货》中写道：“子曰，性相近也，习相远也。”意思是说，人的本性是相似的，但受环境的影响便相差甚远了。这与埃瑞克·伯恩的“环境比遗传更能影响人格的形成”的观点不谋而合。这个观点不难理解，看看《孟母三迁》的故事就会明白了。

归纳起来，我们每个人的成长环境不外乎四种：家庭、学校、单位和社会。在以上四种成长环境中，家庭最为重要。之所以说它重要，是因为一个人的三种自我状态主要是在这个环境中形成与发展的，可以说，家庭环境质量的好坏直接决定着一个人人格的健康程度。

在家庭环境中，孩子的自我状态主要依靠三种方式来成长：一是上行，指的是养育者行为的影响力。二是下效，指的是孩子的理解力和模仿力。三是个人成长，指的是孩子通过自身的体验、反思、整合和应用达到成长的目的。下面我们从这三个方面来解读三种自我状态的形成与发展。

一、父母自我状态的形成与发展

从家庭的教育角度来看，爸爸妈妈是孩子的第一任老师。一个人在成长过程中特别是初始阶段，爸爸妈妈的作用不可替代。她（他）们通常会以语言、表情和行为来向孩子灌输一些教导、规则、警告或者批评，当然还有呵护、表扬与鼓励。这就是所谓的“上行”，而这恰恰是孩子的父母自我状态的来源。

我国著名儿童教育家孙敬修说过：孩子的耳朵是录音机，眼睛是摄像机，他们将养育者的所作所为看得清清楚楚、明明白白、真真切切，无论养育者做得好或不好，孩子都会看在眼里、记在心上。又由于人大脑的特性，这些来自养育者的言行被不加筛选地全部保存在孩子的大脑里。久而久之，这些来自养育者的言行便被内化为孩子人格的一部分。于是在日后的成长过程中，孩子会自觉或不自觉地拿这些言行来为人处事，这就是“下效”。孩子的父母自我状态就是在这样的“效仿”过程中形成的。

这里需要注意两点：一是前面用“养育者”而没有使用“爸爸妈妈”来表述是因为，由于生活的压力，孩子生下来后，通常爸爸妈妈都会把孩子交由长辈或保姆来扶养，所以用“养育者”更确切些。二是大多数养育者管教孩子都是从爱的本意出发的，初衷都是好的，希望孩子能够向好的方向发展。不过，养育者表达爱的方式却不尽相同，归纳起来有两种：一种是刚性的表达，强调“棍棒底下出孝子”，批评、指责、教训或打骂等手段是他们对待孩子惯用的方式；另外一种是柔性的表达，强调“宠爱之中育良才”，于是对孩子关心、鼓励、安慰、照顾有加。据此，一个人的父母自我状态也就分为两种：控制型父母自我状态和养育型父母自我状态。

先来看控制型父母自我状态（Controlling Parentegostate，简写为CP）。

正能量的控制型父母自我状态，通常表现为强调良知和责任感、有严格的道德标准和价值观、志向远大、领导能力强、爱憎分明、遵守纪律等人格特质。

负能量的控制型父母自我状态，表现为固执己见、倚老卖老、严格苛刻、追究责任、过于强势、指责他人、对别人指手画脚、喜欢替别人做主等人格特质。

再来看养育型父母自我状态（Nurturing Parentegostate，简写为NP）。

正能量的养育型父母自我状态，表现为宽容、善良、有爱心、嘘寒问暖、为别人着想、乐于助人、喜欢安慰鼓励他人等人格特质。

负能量的养育型父母自我状态，表现为溺爱、纵容、替代、操心过度、过分干涉、过分保护和照顾等人格特质。

下面举例来说明这两种父母自我状态。

在电影《升生两难》中有这样一个片断，婆婆陈菊香从山西老家来到北京，目的是催促儿子大昌和儿媳妇亚辛赶紧要个孩子。于是就有了三个人在饭桌上的对话。

婆婆："亚辛啊，多吃这个（青菜），这个里面含有矿物质和人体所必需的微量元素。这里面维生素A、B、C、D可多了。对我孙子和你都好！"边说边向儿媳妇碗里夹菜。

这一幕，无论从言行还是语气语调都体现出了婆婆养育型父母自我状态。但当儿媳妇亚辛说要升主管了，不能生孩子了的时候，婆婆便迅速体现出了极强的控制型父母自我状态。

婆婆："什么叫不能生孩子啊，升主管就不能生孩子？升主席也得生孩子啊！"

儿媳："我要生孩子，主管就别人当了！"

婆婆："别人当就别人当，那孩子重要还是主管重要啊？！"

儿媳："我和大昌决定了，孩子过两年再要。"

婆婆："决定？我们周家的香火我看谁敢决定！"

值得注意的是，虽然父母自我状态是用固有的老方法和老思路解决问题，常常显得落伍，也让我们心烦，但是父母自我状态所拥有的经验还是为我们的成长提供了成熟的范式和捷径，这是一笔应该传承下来的宝贵财富。

二、儿童自我状态的形成与发展

刚出生的婴儿有什么特点呢？老子在《道德经》中曾用"赤子"来形容刚出生的婴儿。赤子般的婴儿除了纯真不伪、本色自然的特点之外，还有对世间万事万物的好奇心和探知欲。"赤子"们出生之后，在父母的言行影响下，他们便带着自己的"理解力"，进入了被"改造"的社会化进程。

让我们先看看养育者的影响力。有什么样的养育者就有什么样的孩子，她（他）们的影响力通过三种状态来传达，被孩子分门别类地存入到了自己的三种自我状态里，然后以一定的言行呈现于外。

孩子的自由型儿童自我状态（FC）的形成既与养育者的自由型儿童自我状态（FC）有关，也与养育者养育型父母自我状态（NP）有关。

先看NP的影响，如果孩子是在相对宽松、有爱的环境中，在养育者的尊重、启发、鼓励和支持的氛围下成长起来的，那么这个孩子的人格通常会得到健康的发展，表现为天真、活泼、快乐、创造力、好奇心、探索和求知欲等人格特质。

当然，养育者的爱要适度，过了这个度便成为溺爱了。溺爱表现为纵容、娇惯和任性，而在溺爱中成长起来的孩子的自由型儿童自我状态

（FC）通常会表现出以自我为中心、自私自利、不顾及别人的感受、过于任性等人格特质。

再看养育者的自由型儿童自我状态（FC）的影响。可以说孩子的自由型儿童自我状态多是受养育者的行为影响而来的。比如养育者兴趣广泛，那么就会带动孩子的兴趣广泛；如果养育者不顾危险带孩子横跨护栏过马路，那孩子也会效仿。由此可见，养育者不同性质的行为会给孩子的自由型儿童自我状态带来不同的影响。所以，当你看到一个人在公共场合大声喧哗、随便丢弃垃圾、不打招呼地加塞插队、不顾及他人的危险飙车、对别人进行“恶搞”等行为，除了他自身的原因，我们最该反思的就是养育者的表率作用了。

同样，孩子的适应型儿童自我状态（AC）的形成也是如此，既与养育者的适应型儿童自我状态（AC）有关，也与养育者的控制型父母自我状态（CP）有关。

养育者的这两种自我状态通过言传和身教的方式传递给了孩子。其中有两种信息对孩子影响较大，一种是“你不能这样，你不能那样”的禁止信息，还有一种是“你应该这样，你应该那样”的应该信息。禁止信息被直接存放在孩子的儿童自我状态里，而应该信息虽然被存入孩子的父母自我状态里，但这种信息多了会引起“儿童”的抗拒与反感，从而间接影响了孩子的儿童自我状态的形成。

在这两种“为孩子好”的旗号下成长起来的孩子的适应型儿童自我状态（AC），便分化为三种类型：一是顺从型。听话，懂事，招大人喜欢。二是憋屈型。有什么事闷在心里（委屈、压抑、生闷气、担心、自责、恐惧）而不表达出来。三是叛逆型。逆反心理强烈，与人对着干。

接下来，我们再来看一看孩子的理解力。正像孙敬修老师所说，孩子用“录音机”和“摄像机”记录下来很多的内容，全部存储在了大脑里颞页皮质中，而且还记录下和事件相关的各种感受和想法。这个“感受和想法”指的就是孩子的理解力。那么孩子的理解力是什么样的呢？

举个例子。每逢孩子的生日，妈妈通常都会对宝贝动情地说：“你要知道，你生日这一天，也是妈妈的苦难日！”大人是想通过这一时刻的教导让孩子学会感恩，但忽略了一个事实，小孩子尚不具备大人的理解力。结果就是：孩子会认为自己本不应该出生，这是一种被埃瑞克·伯恩称之为“不准活”的禁止信息，而这恰恰是很多人日后自杀的原因。可见，孩子的理解力是一种稚嫩的、尚未成熟的理解力，与我们成年人的理解力不能相提并论。

总的来说，是养育者的影响力和孩子内在稚嫩的理解力的双重作用，才使一个“赤子”逐渐地变得社会化的，并分化为埃瑞克·伯恩笔下的自由型儿童自我状态和适应型儿童自我状态。

先来看自由型儿童自我状态（Free Childegostate，简写为FC）。

正能量的自由型儿童自我状态，表现为聪明活泼、自信爽快、幽默热情、兴趣广泛、好奇心强、喜欢钻研、富有想象力和创造力、有一定的冒险精神和挑战精神等人格特质。

负能量的自由型儿童自我状态，表现为以自我为中心、任性、唯我独尊、缺乏边界意识、行为放纵、易感情用事、敏感、贪玩、调皮（恶作剧）、好出风头、缺乏自控力等人格特质。

比如，有个朋友在微信上分享：放假的意义就在于，一个说不起就不起的早晨，一个说不睡就不睡的深夜，一个说不出门就不出门的白天。（后面是连续四个傲慢的表情。）这就是一个人的自由型儿童自我状态的典型表现。

再来看看适应型儿童自我状态（Adapted Childegostate，简写为AC）。

正能量的适应型儿童自我状态，表现为老实纯朴、遵守纪律、服从领导、执行力强、谦虚诚实、有毅力、越挫越奋、抗压能力强和适应能力强等人格特质。

负能量的适应型儿童自我状态，表现为缺乏积极性和主动性、缺乏独立性、没有主见、依赖性强、缺乏毅力和耐心、沉默寡言、胆小怕事、懦弱、自卑、害羞、自责、压抑、好生闷气、叛逆、逢迎谄媚、阳奉阴违等人格特质。

比如，你在一部脏兮兮的轿车后玻璃窗上看到这样的对话，路人好意提醒“你该洗车了”，而车主在下面写道“就不洗”，可以想象，车主在写这三个字的时候呈现的是适应型儿童自我状态（叛逆型）。

当一个人处于儿童自我状态时，他的思维、情感与行为就像回到了童年一样。同时，我们也要注意到：因儿童在早期还不具备足够的语言表达能力，所以一个人体现儿童自我状态的时候通常伴有情绪。这是帮助我们判断一个人某一刻是否处于儿童自我状态的依据。

需要提醒注意：虽然儿童自我状态在为人处事方面体现着孩童的行为、想法和情感，显得不太成熟，但是其所拥有的活力、创造力、乐观精神和执行力、忠诚度、抗压能力却是我们生活和工作中必不可少的食粮。

三、成人自我状态的形成与发展

婴儿出生后一天一个变化，并逐渐具备了自我运动能力和观察、探索身边事物的能力，比如触摸、抓、拿、咬和撕的行为，这些行为表明他在用自己目前具备的能力来了解外面新奇的世界。在他（她）的意识中，发现自己居然也能够依靠自我意识和行动来做一些简单的事情，这种初级的自我价值实现就是一个人成人自我状态（A）的开始。

另外，养育者“如何做”的启发和引导也会对孩子的成长起到帮助的作用。随着知识的积累和意识的增强以及体验后反思次数的增多，促使成人自我状态进一步完善，并最终发展成型。这就是一个人成人自我状态的起源和发展。

一个人处于成人自我状态时，他的思维、情感与行为均立足于当下，会根据此时此地的情况，整合所有能整合到的资源为己所用。具体表现为理性、客观、思考、计划、判断等行为。

正能量的成人自我状态，表现为客观冷静、审时度势、善于思考、实事求是、做事有条理、考虑问题周详、计划性强等人格特质。

负能量的成人自我状态，表现为过于理性、缺乏人情味、不讲情面、生活单调、斤斤计较、考虑问题机械等人格特质。

比如，有些警察就经常使用成人自我状态来审问犯人。一个有着30年警务工作经验的朋友跟我们分享了他的经验："警察的情绪，说闹就闹，但闹情绪的时候却很理智，还是以审视的目光观察着对方的身体和心理的变化。"这段话真实地描述了一个警察用他的成人自我状态在审问犯人的情景。

虽然成人自我状态在为人处事方面显得成熟稳重，其分析和解决问题的能力很强，但是万事都有一个度的问题，如果太过理性，人际关系就会很差，创造力就会被扼杀。

在这里，我们通过一个案例《张锋的一天》（选自《艾恩·史都华和凡恩·琼恩合著的《人际沟通分析练习法》一书，有删减和添加）来看一下这五种状态是如何在我们的工作和生活中体现的。

张锋在拥塞的马路上开着车，他注意着周围汽车的速度，也很小心地看着交通标志，他根据此时此地发生在周围的状况来开车。（此时他处于成人自我状态。）

忽然一个人驾车从外道切过来想超车，两辆车子太近了几乎擦撞，张锋吓了一跳，赶紧踩刹车。（此时他处于成人自我状态。）张锋气急败坏，勃然大怒！一边用拳头擂着喇叭，一边把头伸出窗外朝着前面那辆车破口大骂："你会不会开车？着急去死啊！"（此时他处于控制型父母自我状态或适应型儿童自我状态。）

见对方没有回应，更加生气，你不是吓我一跳吗？我也让你尝尝我的厉害。于是，一脚油门，凭着娴熟的驾驶，开到了那哥们的前方，时而慢，时而快，时不时地突然踩一脚刹车，直到听见后面那哥们不带好气地按着喇叭，他才满意地驾车扬长而去。（此时他处于自由型儿童自我状态。）

张锋带着胜利的满足哼着小曲来到了公司，（此时他处于自由型儿童自我状态。）还没等坐到座位上，就听到总监叫他去办公室。刚一进屋，就见总监一拍桌子："你长没长脑子？我昨天不是让你通知那个大客户我下午3点去吗，你怎么通知人家下午1点就到了呢？害得那个老板等了我两个小时！"（总监此时处于控制型父母自我状态。）

张锋一听，耷拉个脑袋，两手紧紧地握在腹前，连大气也不敢出，半晌，才胆怯地说："对……对不起，是……是我听错了！"（此时他处于适应型儿童自我状态。）

"听错了？你知道你这样一个小失误，造成什么样的后果吗？一个十拿九稳的大客户，就这样丢掉了，13万元的一个大合同啊！"

张锋灰头土脸地从总监的办公室出来后，坐在自己的座位上发呆。（此时他处于适应型儿童自我状态。）

这时，同事拍了拍他肩膀："张兄，你今天不是约了一个客户吗？你用会议室到几点？"

张锋一听，对啊，今天约了客户了，致了一声谢后，整理了一下衣服、头发和心情，拿着书面方案和U盘，快步来到会议室，且顺利地与客户做了介绍，最后目送着客户离开。走出会议室，他整个人放松了，脸上恢复了笑容。（在同事的提醒下，张锋恢复了成人自我状态。）

这时，手机响了，是老婆打来的。

"老公，我生病了，现在医院打点滴呢？"

“怎么了老婆？”（关切的语气，此时他处于成人自我状态或养育型父母自我状态。）

“我早晨就和你说了身体有点不舒服，一到单位，肚子就开始闹腾，一上午就去了8趟洗手间，哎哟……”

“老婆，那你在哪家医院，别着急！我和领导请假，我立刻打车过去！”（此时他处于养育型父母自我状态。）

上述三种自我状态均形成于一个人早期的成长阶段。古语讲“三岁看大，七岁看老”，这句话不无道理。家庭（学龄前）的那段成长经历，对于每个人来说都非常重要，因为那个阶段正是三种自我状态的形成时期，那个阶段成长质量的好坏直接决定着一个人未来的成长、成熟和成功。

无论什么样的过往，每个人的每一天、每一时刻都鲜活地体现着自己的自我状态。也正是这样的特点，我们才能体会到人生的酸甜苦辣。

四、理解自我状态需要把握的要点

关于自我状态，这里总结了六个要点。

第一，由于每个人的生育者和养育者不同，家庭成长环境也不同，所以每个人都拥有带有个人特色的五种自我状态。

如果问这样一个问题：“我们有几种自我状态？”大多数人会不假思索地回答：“五种”。其实这是错误的。如果这样问：“一个人有几种自我状态？”回答“五种”就是正确的。因为每个人的生育者和养育者不同，家庭成长环境也不同，所以每个人都拥有富于个人特色的五种自我状态。

扩展开来，正是因为人们的自我状态具有这样的特点，才使得企业管理变得不再简单。对于管理者来讲，你手下有多少人，就意味着你管理着多少种不同类型的员工，同时，你还得随时准备应对每一个员工的五种不同的自我状态的体现；对于员工来讲，在整个职业生涯里，可能会遇到不同类型的领导，同时，还要随时准备应对每一任领导的五种自我状态的体现；对于客服人员也是一样，你每天接待多少个客户，就意味着你服务着多少种类型的客户，同时，还要随时准备应对每一个客户的五种自我状态的体现。所以，企业管理不能“以不变应万变”，要因人而异，对症下药。

第二，自我状态没有绝对的好与坏之分，适合就是最好的。对于一个身心健康的人来说，五种自我状态都是必须具备的。

五种自我状态扮演着不同的角色，每种自我状态都是我们工作和生活所需要的，只有适合与不适合之分，没有绝对的好与坏之分。

无论工作和生活，我们每天都面临着选择，此时，我们需要成人自我状态站出来帮助我们正确决策；有时，我们也需要控制型父母自我状态为我们提供融入组织与社会的道德规范和法律规范，这样就可以少走弯路、少碰壁；当然，世界需要爱，企业也需要爱，人更离不开爱，如果没有养育型父母自我状态的付出，这个世界就会变得冷漠无情；工作中有种境界叫快乐地工作，生活中有种境界叫幸福地生活，你之所以能够体验到这两种境界则是你的自由型儿童自我状态的功劳；而人生有逆境自然需要抗压能力，有授权就得有人执行，执行和抗压能力却是适应型儿童自我状态的体现。

第三，在外界因素的刺激下，人们总会表现出相应的自我状态。通常，能量最强的那个自我状态先启动，由于每个人的自我状态能量构成不同，所以优先启动的自我状态也会不同。

在外界因素影响下，不同的人首先启动的自我状态也是不同的，这主要依自我状态的能量强弱而定。比如发生了地震，有人冷静地寻找出路，有人却不知所措；有人独自逃命，有人却想着他人。这样的现象与自我状态的能量强弱有关，考虑到刺激源的性质，通常能量最强的那个状态先启动。假设一个人的成人自我状态的能量最强，那他遇到地震时往往比较冷静；如果这个人的适应型儿童自我状态负能量最强，那他就会不知所措；如果这个人自由型儿童自我状态负能量最强，那么他就会表现出不顾别人死活，独自逃命的行为。这体现出了自我状态的差异性。所以，若想使自我状态为我所用，就要学会自我管理，对其加强控制，而不是任其自由行动。

第四，TA理论认为，一个有能力使用自己的自我状态，且能在不同环境下自由转换的人，才是一个真正身心健康的人。

我们可以把这个观点看作一条判断标准，衡量一下自己是否是一个真正具有健康心理的人。这条标准包括两层含义：其一，是否有能力驾驭三种自我状态，这体现了一个人的主动支配性，不能让自我状态自由出入。其二，是否有能力在不同的沟通环境下自由切换五种自我状态。比如，放假了可以放松一下身心，但上班了就要迅速收心。在这条判断标准面前，每个人都没有十足的把握说自己是一个真正心理健康的人，因为之前的我们在自我状态的使用上显得太过随意了。

第五，自我状态有正负能量之分，而在团队中要多体现自己的正能量。有这样一段话：

在团队中，对着干的出局，跟着干的培养，领着干的晋升。这是规律，也是法则。你在哪个位置，体现什么状态由你自己决定。许多人有个误区：总以为搞垮了谁，超越了谁，整死了谁，你就成功了。事实上，在职场中，不是看你摆平了多少人，而是看你帮助了多少人，成就了多少人，凝聚了多少人。未来一定不会属于一群面目狰狞、尔虞我诈的人，而是属于一群善良、共享、互助、担当的人。记住，永远别做负能量的人。

这段话是对这个观点最好的诠释。每种自我状态皆有正负能量之分，而正负能量的体现有时就在一念之间。企业是一个需要体现职业化的平台，需要的是正能量的体现，所以，我们在企业里体现自我状态的时候不能像在自己家里那样过于随性。

第六，由于家庭教育的影响，新一代自我状态的成长质量堪忧。

“独生子女”政策的影响下，不可否认的是新一代人的成长在思想和行为上出现了严重的“自我”倾向。无论在校园里还是社会上，这样的例子很多，这不能不引起我们的重视和思考。问题出在哪儿？一个人的思想和行为总是可以归结于人的某一种自我状态上来，自我状态又是形成于自己的家庭，追根溯源，问题出在了家庭教育上。“独生子女”政策，使得每个家庭形成了六个大人以一个孩子为生活核心的局面，孩子因此得到了“皇帝”或“皇后”般的待遇。溺爱有加、尊卑倒置，由此影响到新一代自我状态成长的质量。如何转变或提高新一代五种自我状态成长的质量，是一个家庭和社会引起足够重视的问题。

五、五种自我状态的改善方法

虽然一个人的自我状态起始于孩童时期，经过多年的反复使用已固化成习惯，但在自己的主观努力和外界环境的影响下，自我状态还是可以改变的。改变行为需先改变思想，而思想改变有一定的方法。

正能量的控制型父母自我状态（CP）的最高境界是中正。中正有多层含义，这里取其正直、正道、忠直之意。儒家思想讲究德行，注重自身修养。在伦理上强调对待长亲要孝顺，对待上司要忠诚，对待朋友要言而有信；在政治上强调“仁政”“王道”“礼制”。这些内容对我们的控制型父母自然状态向好的方面转变具有现实指导意义。因此，在改良自己的控制型父母自然状态时不妨借鉴儒家典籍并付诸实践。

正能量的养育型父母自我状态（NP）的最高境界是至善。儒家文化中有“仁爱”，教导人成为正人君子，二者的理念不谋而合。因此，改良自己的养育型父母自我状态，可以从中得到借鉴。

正能量的成人自我状态（A）的最高境界是智慧。智慧是人的一种高级综合能力，能够对人、事、物做出精准的判断和认知。《孙子兵法》讲究庙算、慎战、谋功、形势、虚实、多变，这些可不是小花招，而是大智慧。这些智慧恰恰是成人自我状态的重要特征。因此，改良自己的成人自我状态可熟读《孙子兵法》并付诸实践。

正能量的自由型儿童自我状态（FC）的最高境界是顺其自然。这让我们想到了道家。道家有两个代表人物，一个是老子，一个是庄子，老子讲求自然，庄子讲求自由，而“自然”和“自由”的最高境界就是顺其自然。因此，改良自己的自由型儿童自我状态可以学习道家经典《道德经》及名篇《逍遥游》，学学“老庄之道”并付诸实践。

正能量的适应型儿童自我状态（AC）的最高境界是敬畏。《弟子规》的核心思想总结起来就是“敬畏”二字，对于《弟子规》，我们的观点是取其精华，去其糟粕，有辨别地去借鉴和学习。所以，改良自己的适应型儿童自我状态可以学习《弟子规》并付诸实践。

以上方法，试图从思想上来改变或纠正一个人的自我状态，思想改变，行为才能改变，思想和行为改变了，自我状态也就改变了。

第三节
如何判断一个人的自我状态

知彼知己重在觉察和判断。埃瑞克·伯恩总结出了四种方法：一是从言行的表现来觉察和判断，即透过一个人的语言、语气、语调、表情、行为和姿态来觉察和判断他处于哪种自我状态。二是从沟通的互动来觉察和判断。在沟通互动的时候，往往能体现出双方自我状态匹配性的特点，所以，我们可以根据自己的自我状态来觉察和判断对方的自我状态。三是从过去的经验来觉察和判断。一个人的自我状态形成于儿童时期，如果我们能够知道他的一些家庭状况、成长经历等信息，就可以了解他的自我状态的结构，也可以觉察和判断当下他处于哪种自我状态。四是从现象的体验来觉察和判断。过去的经历在当下又再一次发生，会让一个人重又体验到过去所经历时呈献的自我状态。要想使用这种方法，需要知道他过去所经历的一些事情。心理咨询师常用的“空椅法”就是根据这个方法得来的。

埃瑞克·伯恩认为，沟通的时候，如果能够做到同时使用这四种方法来觉察和判断一个人当下所处的自我状态是最理想的。但你会发现其实后两种方法并不实用，我们不可能先让对方介绍一下他的家庭情况和他的成长史，然后再与之沟通，这显然是不现实的做法。所以，这里着力推荐和介绍的是前两种方法，我们称之为“察言观色法”和“交流互动法”。

一、运用察言观色法判断自我状态

第一种方法，是从言行的表现来觉察和判断他人的自我状态，我们叫它“察言观色法”。

有这样一组数据：一条信息所包含的意义，7%是直接由语言传达的，38%是由语气、语调传达的，而另外55%则是由手势、姿态和面目表情传达的。这是美国心理学家阿尔伯特·米拉比安于1967年研究出来的成果。这组数据告诉我们，其实沟通的内容是通过三种信息来传递的，分别为：语言文字信息、情感信息和行为信息。这三种信息正是我们察言观色的依据。语言文字信息就是我们说的话和用于传递信息的文字，比如邮件、短信、微信等；情感信息指的是说话时伴随着的各种情绪，如生气、愤怒、开心、愉悦等，通常别人借助你的语气、语调来辨别；而行为信息指的是一个人的身体姿态和面部表情。

接下来，让我们详细了解一下人们的五种自我状态呈现于外的这三种信息的特点。

1. 控制型父母自我状态（CP）的表现特征

语言信息通常表现为："你应该……""你必须……""我警告你……""你给我听着……""我奉劝你……""我告诉你多少次了……""你怎么这样不听话""你有什么了不起的""我看谁敢……""我敢肯定，你……"等。

非语言信息（情感和行为）通常表现为：横眉立目、指指点点、摇头、不耐烦、藐视、怒目而视、手叉腰、握拳、抱臂、怒拍桌子等。

2. 养育型父母自我状态（NP）的表现特征

语言信息通常表现为："我来帮你""听话""看你累的""多让人心疼""你快休息一会儿吧""在外面一定要保重身体"等，这些言行中具有善解人意、体贴关怀、谅解包容、为别人着想等性质。

非语言信息（情感和行为）通常表现为：表情温和、慈祥善良、关爱有加、体贴耐心、细心周到、和蔼可亲等。

3. 自由型儿童自我状态（FC）的表现特征

语言信息通常表现为："我真希望……""我就喜欢这样，怎么了""但愿我能……""真讨厌""我才不管呢""反正我不……""为什么他……而我却……""要是……就好了""太棒了""好漂亮耶""太好玩了"等。

非语言信息（情感和行为）通常表现为：很可爱的样子，表情多样，心情阴晴不定，委曲，噘起小嘴，掉眼泪，任性，歪着脖，坐立不安，自由散漫，等等。

4. 适应型儿童自我状态（AC）的表现特征

语言信息，一方面体现为“是的”“好的”“没问题”“我知道了”等顺从的语言，另一方面又体现为“真烦人”“我不干”“我为什么”“我就要”“我偏不”“凭什么啊”等带有逆反性的语言。

非语言信息（情感和行为）通常表现为：很懂事、很听话、服从、随和、害羞、乖巧或者哭闹、顶撞、反抗、挑衅等。

5. 成人自我状态（A）的表现特征

语言信息通常表现为：“根据……”“建议你……”“能否允许我再考虑一下”“我们想办法”“我认为……”“为什么”“我的观点是”“让我想一想”“客观地讲……”“我觉得”等。

非语言信息（情感和行为）通常表现为：平视对方，表情自然专注，语气平和，富有耐心，不卑不亢，没有偏见，让别人不会产生威胁也让自己毫不畏惧，等等。

在沟通的时候，这三种信息总会出现。因此我们在与他人沟通时，既要靠耳朵听，还要用眼睛看，在心里品。听的是语言信息，看的是非语言信息，品的是对方处于哪种自我状态。只有这样做，我们才能更加准确地觉察和判断对方的自我状态。

二、运用交流互动法判断自我状态

第二种方法，是从沟通的互动上来觉察和判断自我状态，我们叫它“交流互动法”。

可以说，不同的自我状态有它自己特色的言行，但这句话反过来说就不一定成立了。比如一个人在低头哭泣，不能据此就认为他此时正处于儿童自我状态当中，还可能是为家人的病重而悲伤。如果是后者，那他此时就是处于成人自我状态里。所以我们发现，第一种方法通过一个人的言行来判断他当下所处何种自我状态是有局限性的。在这种情况下，第二种判断方法就显得更有意义了。

用自我状态进行互动沟通是有规律可循的，这种规律体现在匹配性上。比如，我用成人自我状态（A）来表达，通常对方也会用成人自我状态（A）来回应；如果我体现的是负能量的控制型父母自我状态（CP）中的控制和指责，那么通常会引起对方适应型儿童自我状态（AC））的反感或顺从。反过来也是如此。因为自己的自我状态容易了解，所以我们可以通过对自己的自我状态来判断对方的自我状态。（关于沟通时自我状态匹配性的更多内容，将在第三章模式选择里对这种方法进行详细介绍。）所以，为了能够更准确地判断他人的自我状态，我们可以把这两种方法结合起来运用。

第二章

审时度势

让你的沟通能力更上一层楼

点睛之语

沟通需要知彼知己，更需要审时度势。

生活中常听到这样一句话：“见人说人话，见鬼说鬼话？”此话可以从正反两方面来理解：从正面来看，这种人具有高超的沟通技巧，称得上知彼知己、审时度势的“沟通达人”；从反面来说，具有这种沟通能力的人，如果把该能力用不到正处，或者说用过了头，这样的人我们通常贬义地称之为圆滑之人。

这句“见人说人说，见鬼说鬼话”，让我们很容易想起金庸笔下的韦小宝。看过《鹿鼎记》的人对韦小宝并不陌生，不认可他的人说他太过圆滑；而认可他的人，通常用“知彼知己，审时度势”来褒奖他。知彼知己，是指他具有敏锐的觉察力，可以做到见什么人说什么的话；审时度势则是指他具有大局观，在说话、办事的时候总是能考虑到沟通的环境因素（场合、时机或心理状况等内外部环境）。同时，知彼知己、审时度势也是一个很高的沟通标准。能够达到这种标准的人，也一定是一个沟通高手。

知彼知己、审时度势是沟通的必备要素，在沟通中，不仅要做到知彼知己，还要做到审时展势，“时”和“势”指的是沟通环境。这一章我们将重点来学习沟通环境，目的是助你提升审时度势的能力。掌握了这个能力，就会让你的沟通能力更上一层楼。

第一节
沟通环境

一、环境对于沟通的重要性

无论什么样的沟通，都是在某个特定环境下进行的。不是外部环境就是心理环境，或者二者兼而有之；另外，人们依靠自我状态与他人沟通，而自我状态的形成、成长又与环境密切相关。所以，环境是沟通中非常重要的一个影响因素。

为了更好地理解环境对于沟通的重要性，让我们看下面这个案例：

圣诞节前夕，某银行的销售团队召开会议，商讨这段时间的销售任务如何完成。会议结束时，主管销售的王总特别强调，到月底之前，如果团队未完成任务，谁也不能请假；但是第二天，完成个人销售任务的员工小张私下找到他来请假（已通过部门经理，但部门经理因王总的会议精神拒绝了他，并说“我没有这个权力，你可以找王总请假”）。请假的原因是，自己处了一个对象，是一位俄罗斯的姑娘，姑娘决定在圣诞节期间带着小伙子回国见她的家人，且机票已于前几日买好。

（此案例由南开大学博士程江提供）

对于王总来讲，处理小张请假这件事情是有难度的。不给假吧，这关系到员工的终身大事；给他假吧，昨天刚开完会，已经说过了团队不完成任务，谁也不能请假。作为领导说过的话是要算数的，不能出尔反尔。面对这种两难的情况，王总该如何处理呢？

二、沟通三角模型

若想解决上面这个沟通难题，我们需要了解一个沟通模型。在对沟通的研究过程中发现，影响沟通的要素只有三个，分别为沟通主体、沟通客体和沟通环境，我们把这三个要素用一个三角形构建在一起，并把它命名为沟通三角模型。如图2–1所示。

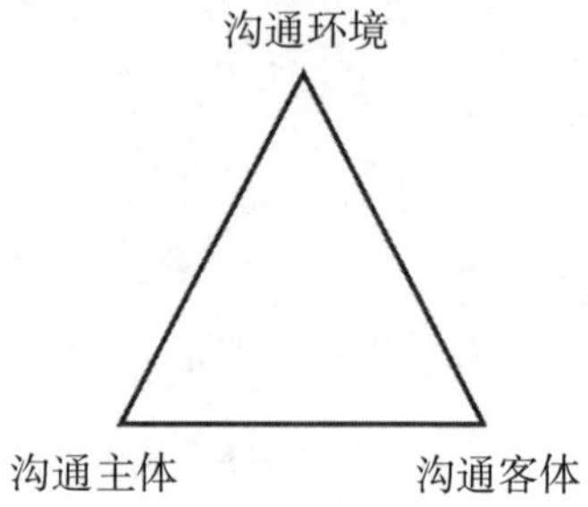

图2–1 沟通三角模型

在沟通三角模型中，沟通主体是指一个人用某种自我状态发出信息，期待回应；沟通客体是指另外一个人用某种自我状态接收信息并做出回应；沟通环境是指两个人在使用彼此自我状态进行沟通时的环境影响因素。

这个模型对于我们分析和解决沟通难题非常重要。一次沟通出现问题，无论过程还是结果，一定能在这个三角形中找到原因，不是沟通主体的原因就是沟通客体的原因，要么就是沟通环境的原因。了解了原因，我们也就知道如何提高沟通水平和解决沟通问题了。

在实践中我们也发现，简单的沟通问题，从沟通主体和沟通客体的自我状态上就可以找到原因，轻易就能够解决；但复杂一点的沟通问题，就要分析沟通环境这个影响因素。

理解了沟通三角模型，我们再来看员工请假这个案例就简单多了。

你会发现，如果仅从双方自我状态上来考虑，此问题可以说无解，因为双方的自我状态都没有问题。怎么办？这就要从第三个因素——沟通环境来入手解决问题。

有着丰富管理经验的王总很清楚，破解这个沟通难题的关键点不在自己，也不在请假的小张，而是在这个销售团队。自己对这件事的处理，其他团队成员一定会非常关注，当然也会有想法。如果给小张假，其他成员会说领导说话不算数，接下来可能会有更多人来请假；不给假，他们会认为领导太无情。对于这样的局面领导是最不希望看到的。

于是王总对小张说道："在团队中，你是最先完成销售任务的，这证明你很优秀，况且相亲也是你的人生大事，作为领导，我本应该大力支持你才对，但现在不行。如果你早一天和我请假，或许我可以考虑，但现在的问题在于，昨天在会上我郑重地宣布'团队任务完不成，谁也不能请假'，你让我怎么给你假？这样吧，我给你出个主意，和女朋友商量一下，春节再去，到时我陪你去，作为你的领导，亲自向她的家人说明圣诞节未成行的原因，你看如何？"

王总的建议小张不想采纳，原因是机票都已买好，况且女友的家人已经发出了请柬。

王总心想，看来这假必须得给了。思考了片刻，他说："现在给不给你假这个权力已不在我这儿了，在你们团队那儿，我给你们经理打个电话说明一下这个情况。"

经王总一说，部门经理当然心领神会。

在当天的夕会上，王总又一次来到现场，并就此事说道："小张请假的事大家都知道吧，站在公司管理的角度，这个假我没有给，因为昨天在会上我已经郑重地宣布了不许请假的事。这是铁令，不能随意更改。"

这个时候，部门经理接过了话茬："王总，我能否插句话？"得到允许后，面向大家说道："小张这次请假的时机真的不太好，正赶上年底业绩冲刺的关键时刻，虽然他自己完成了本月的销售目标，但我们考核的却是团队业绩。不过，小张这次请假的确很特殊，是为了自己的终身大事。可以说两边都很重要。"说到这儿转过头来，对王总说道："王总，您看这样行不行，既然小张是我们团队中的一员，能不能把允假的权力交给我们团队，让大家通过举手的方式来表决？"

这个案例最后的结局很完美：小张请假成功。团队其他成员也愿意成人之美，同时也表达了团队不会受其影响，会继续完成余下的任务；而王总既坚持了原则，又帮助了员工，同时在其他成员那里又留下了领导有方的好评。

通过这个案例的分析，我们可以发现，沟通环境是这个案例中的关键要素。如果不对这个因素加以分析，这个难题根本无法破解。案例中有两处涉及沟通环境，一是对于小张请假团队成员的心理想法，二是小张请假的时机。前者说的是内环境，后者说的是外环境。王总的高明之处就在于，把解决问题的关注点放在了团队其他成员的心理环境上，而这一点正是破局的关键。另外，小张请假的时机（沟通的外部环境）存在问题，如果改变一下做法，两人商量完相亲一事后在买机票之前就来请假，这样做就不会大费周折了。

到这里，我们可以给沟通环境下个定义了。沟通环境是指沟通时周围存在的客观状况和条件，既包括外部环境（以下简称“外环境”），也包括内部环境，即两个人的心理环境（以下简称“内环境”）。

第二节 沟通的外环境

沟通的外环境是指沟通时外部的状况和条件，分为空间环境和时间环境。沟通的外环境既包括与个体间接联系的社会整体环境（政治制度、经济制度、政治观点、道德风尚、群体结构、发展趋势），又包括与个体直接联系的区域环境（学校、单位、家庭等），还包括对个体直接施加影响的社会情境及小型的人际群落。

一、沟通外环境之空间环境

开车的人都有这样的经验和意识，在直道行驶中，如果你打算向左并道，第一个反应不是先打方向盘，而是先打开左转向灯，然后观察后面，如果没有靠近的车辆再完成向左并道。这个过程中的观察其实就是在观察汽车所处的空间环境，只有周边的空间环境允许才能完成并道。

开车要注意空间环境，沟通也是如此。比如，两个同事见面互相问候“你吃了吗”这很正常，也很友好，但在如厕后，一本正经地问候这句话就不合适了，很可能会引起对方不悦。原因是你说这句话的时候没有考虑到当时的空间环境。

二、沟通外环境之时间环境

我们都知道“时过境迁”这个成语，意思是说，随着时间的推移，情况发生了变化。这个成语说的就是时间环境。比如，除夕整夜里放鞭炮，大家都觉得很正常，但是平时的日子里你的这种行为就会招来邻居的骂。为什么？因为你放鞭炮的时机（时间）不对。有些话，事先说明，大家能够理解，但事后再说，就可能给你带来麻烦。比如开会不能接打手机这件事，作为会议组织者，在开会前进行说明不会引起人反感，但若是过程中发现有人接打手机后再去说明，就会惹刚才接打手机的那个人不高兴了。

趋势也属于时间环境。中国自古就有顺势而为的说法，现今，互联网时代来临，很多行业都在进行着互联网化，人们的思维和行为也随之发生着改变。因为这是发展趋势，趋势就是环境。沟通亦如此。因时而变，才能达到良好的沟通效果。

第三节 沟通的内环境

沟通的内环境指的是沟通时当事人内在的心理环境。

沟通的时候，你会选择对方心情愉快的时候还是心情烦躁的时候？当然我们会选择对方心情愉快的时候。比如，一个客户来投诉，你不是以礼相待，而是态度蛮横，此举定会引起客户更加强烈的内心反应。为什么？因为来投诉的客户，心理环境已经遭到了破环，此时你蛮横的态度更是恶化了这种环境，沟通自然不会出现好的结果。这个问题说明心理环境对于沟通的影响。

对于内环境，沟通时我们需要注意两点：一是要考虑对方和自己的内心环境是否适合当下沟通。适合的话，沟通正常进行；如何不适合就要想办法调整。二是说话时别轻易破坏别人的内环境，因为破坏容易建立难。下面总结了四种容易破坏别人心理环境的情况，分别给予介绍。

一、随意插话讨人厌

每个人都知道，随意插话不是一个好习惯，两个人谈兴正浓，由于你的唐突介入而被打断，这样的行为很是让人讨厌。表面上是打断了别人的谈话，实质上是破坏了对方的沟通环境（心理环境）。

为什么要打断别人？总结起来不外乎两种原因：第一种是事情使然。有的人因事情紧急而不得不打断别人。如果是这个原因，礼貌一点也就弥补过失了。第二种是人性使然。在人际交往中有这样一种人，他们很自我，不管对方是忙是闲，也不管人家是否正在谈事，就贸然插嘴，致使别人的谈话被迫中断，这种做法往往会招人讨厌。当然，如果两个人正在争吵，插话介入也不失为一种好方法，通过打破两个人建立起的沟通环境（负面的心理环境），来达到平息的目的。

二、该说不说惹人烦

性子慢也好，不知道说什么也罢，该说话的时候不说，就会让人很着急，还有一些人会故弄玄虚或者故意装深沉，但无论哪种情况都会让别人不耐烦。这种情况表面看来与他人无关，实际上同样破坏了别人的心理环境。

三、随意乱说不长眼

这种人说话不看对方的脸色，也不分场合，不管人家爱听不爱听，也不管是否触及人家的伤疤或痛处，只管尽兴乱说。我们通常说这样的人“不长眼睛”或“不长脑子”。这种人的行为，通常会破坏别人的心理环境。遇见这样的谈话者，客气者会选择忍耐，或者会转移话题，不客气的也许会拂袖而去，甚至会当场动怒。

四、说得太重惹祸端

说话惹来祸端，是因为你说的话伤了人心。这种话通常与负面情绪相伴。有这样一则案例。

马某杀害了4名大学同学的事件曾一时引起轰动，想想事件竟然是因一句话而引起的，不免让人惋惜。事情的起因是这样的，放假期间，马某与几位同学在宿舍里玩牌，其老乡、同学兼好友邵某当时说了这样一句话：“没想到你连打牌都做假，你为人太差了！难怪龚某过生日都不请你！”这样的话从别人口中说出来马某可能顶多和他吵一架，但从邵某的口中说出来则深深地伤害了马某。原来邵某和马某都来自广西农村，在大学同窗学习、同宿舍生活了4年，同乡和同样的农村成长经历，让马某十分看重这个好友，但他万万没有想到，自己在好友眼中竟然会是这样的负面形象，连龚某居然也是如此认为（其实就是听邵某随口一说）。正是好友无心的一句话深深伤害了马某（破坏了马某的心理环境），遂使马某动了杀心。

以上四种情况，看起来是谈话有失修养的问题，实际上是说话者“没长心”造成的，不是时机、场合不对，就是掌握不好言语的轻重，最终破坏了对方的心理环境。

以上这些分析都在提醒我们，沟通结果的好坏就是一句话的事儿，甚至是一个表情的事儿，所以我们在说话做事的时候一定要考虑别人的内心环境，要有口德，更要掌握分寸。

第四节 个人如何优化沟通环境

了解了外环境和内环境，那么如何通过优化沟通环境来达到沟通的目的？内环境是一个人自己的事情，外环境却不受我们掌控，二者同等重要但又各具特点，在沟通时我们如何借助“环境”并使之为我所用呢？接下来为大家提供两种方法。

一、改变自我，主动适应

一个人在不同的外环境下，会呈现出不同的自我状态。在公司里容易呈现成人自我状态，而回到家里往往呈现父母自我状态或儿童自我状态；喝酒时通常呈现儿童自我状态，喝茶的时候却通常呈现成人自我状态；在娱乐场（酒吧、歌厅、演唱会现场等）呈现儿童自我状态，而在商业谈判场所却通常呈现成人自我状态。

从以上事例中，我们可以总结为：外部环境往往决定着一个人的自我状态。比如领导开会下面有人看手机，领导心里不悦，当场发火。这就是一个典型的外部环境决定着一个人的自我状态的案例。会议场合（沟通环境）你要使用自己的成人自我状态来参会议事，而不能让自己的自由型儿童自我状态跑出来（打瞌睡或玩网络游戏）。因此，我们在与他人沟通时，一定要注意使自己的自我状态与沟通环境相适应。

自我状态要主动适应环境，就像“水”。你会发现水有主动适应性的特点，容器是什么形状，水进去就呈现什么形状。这一点对于刚踏上工作岗位的大学生是一个有益的启示：企业就是一个环境，刚进入企业缺乏经验，选择主动适应企业环境是一个明智的选择。

主动适应并不代表不能改变。还以“水”为例，水虽然具有主动适应性的特点，但我们也懂得“水滴石穿”的道理，这说明在一定条件下，水也是可以改变环境的。刚进入企业的“菜鸟们”也一样，随着能力的增长、经验的积累有一天成为部门主管或公司高层，完全可以改变现有的管理规则，这也是一种对环境的适应。

因此，为了提高沟通效率，当你发现自我状态与外部环境不匹配的时候，通过改变自我状态来主动适应环境不失为一种明智的选择。面对客观的、不因你的意志而改变的外在环境，我们需要做的不是去抱怨，而是主动改变自己的思维和行为来适应这个环境。

二、增强自我，主动营造

自我状态柱状图的发明人杰克·杜谢说，自我状态是有能量的。

据此观点，我们可以把一个人内在的心理环境想象成一个能量池。能量池被分隔成底部相通的三个部分，能量可以流动，三个部分都有各自的出口管道与外界相联系。内心平静的时候，能量池中的能量是相对稳定的，可一旦受到外界刺激，能量池里的能量便会活跃起来（活跃程度依外界刺激的强弱而定），然后通过其中一个通道来回应外界的刺激（用哪种自我状态来回应）。如图2–2所示。

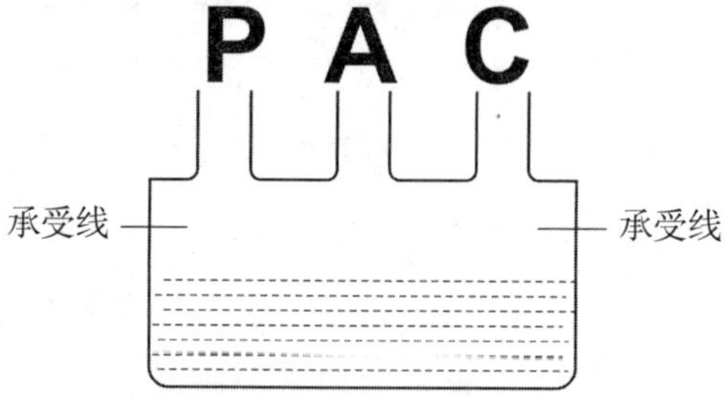

图2–2　自我状态能量池

能量池上方有一条承受线，就像水库的水位线一样。不同的人，这条线的位置高低也不同。有的人承受线的位置比较高，这样的人心胸宽广，能容人容事；反过来，有的人承受线的位置比较低，这样的人则心胸狭窄，承受力差。同时，这条承受线也是一个人保持理性与非理性的判断标志。当外界的刺激平和、适度，保持在这个人心理环境的承受线范围之内，就能够得到对方理性、平和的回应；相反，当刺激超过了这个人心理环境的承受线位，那它的能量回应就具有破坏性了。

内环境良好的人，表现为对外界刺激的承受力强，主要原因是他把控自己三种自我状态的能力强，他会针对外界的刺激来使用适合的自我状态来进行回应，这样的人很容易与之沟通；反之，内环境不好的人，表现为对外界刺激的承受力差，主要原因是他把控自己三种自我状态的能力弱，三种自我状态不受控制地自由出入，动不动就发火，闹情绪，这样的人是很难与之沟通的。

主动营造良好的沟通环境，其实强调的是一个人的自控力，就是三种状态要操控自如。内环境差的人，就要想办法提高自己的自控力。做到这一点并不难，只要平时注重提高自我观察能力，你就会掌握三种自我状态的活动规律，进而提高自己的成人自我状态的能量，一段时间后你就会增强自己的自控力。提高了自控力，就能逐渐地把控三种自我状态，营造自己的心理环境就不是问题了。

优化了沟通环境，还要掌握一个原则，即先内后外的原则。在沟通的一开始，沟通双方先要考虑彼此的心理环境是否适合沟通，如果不适合（比如当下心情不好或心思没在当下等）可以主动向对方说明，择时或改日再沟通；如果适合，就可以选择一个匹配的外环境（定时间、地点等）来正式沟通了。

第五节 企业如何优化沟通环境

对于企业，如何借势环境来达到高效的沟通和管理目的？

从环境角度来讲，企业环境会影响员工的内环境。在员工眼里，企业环境不仅指企业办公的硬件环境，如工作场所的舒适度、优美度以及工作设备的现代化程度等，还包括管理方面的软环境，比如企业文化关乎的企业形象、人际关系、工作氛围、管理风格、激励机制等。

企业环境对员工的工作效率有什么样的影响呢？美国的绿色生态建筑机构曾做过调查，在绿色生态环境中办公可以使工作效率提高10%以上。另外良好的企业形象、和谐的人际关系、融洽的工作氛围以及领导的管理风格、激励机制等也有助于企业文化形成与传播，同时提升员工凝聚力，促进企业与个人良性发展。

让我们惊喜的是，有些企业已经注意到企业环境对于员工工作效率的影响，特别是国际上的一些知名企业。它们发现，员工一天有1/3的时间（8个小时）在企业里度过，但在这8个小时里，员工并没有把全部的精力都放在工作上，“溜号”的情况时有发生。这些企业都在想办法“堵”上这个漏洞，让员工有更多的时间来做工作上的事情，但收效甚微。于是这些企业开始思考新的方法，变“堵”为“用”，在员工的“溜号”时间上做起了文章，最后的结果出乎企业的预料，居然员工的工作效率得到了很大的提升。

首先让我们看看奥美集团。

这家有着近70年历史的公司，是全球最大的传播集团之一，它为众多世界知名品牌提供着全方位传播服务。

在企业的硬件环境方面，奥美的办公室就像一个缤纷的画廊。走廊和办公间的墙上挂着知名画家的油画，四周的角落和墙角摆放着造型独特的雕塑作品。这些艺术品是从画廊租借来的，大概每三个月就会换一次。在这里工作，创意人员不用担心被单调、沉闷的工作环境扼杀掉创意的灵感。

我们再看看微软公司。

2006年，微软中国研发集团Task Force工作小组创立，正式启动了工作环境改善计划。这个小组由集团管理团队、HR部门和财务部门成员共同组成。在他们的带领下，首先对北京、上海和深圳的员工进行了民意调查，根据调查结果对工作环境进行了改进。比如位于中关村希格玛大厦的微软研发大楼：办公桌上差不多都摆放着绿色植物，同时集团还为各个楼层配备了按摩椅，大家在工作间隙可以锻炼身体；Xbox和Foosball等游戏设施也在各休息区整装待命，随时恭候稍事休息的员工们。饮料和零食有了更丰富的选择，咖啡机全部采用星巴克的咖啡豆，工作累了，员工可以到休息室为自己冲泡了一杯星巴克咖啡；从休息室的窗户便可望见知春路熙攘的车流，可声音却一点也没有渗透进来。这样温馨如家的办公环境，在保证员工的心情舒畅的基础上减少了压抑感，所以工作效率得以大大提高。

第三个我们关注的是海沃氏。

海沃氏是一家有60年历史的全球办公家具公司，总部在美国。在企业的硬件环境方面，它在上海建立的为全球服务的创意中心可谓别具匠心。创意中心由三部分组成。一进门的“公共空间”内，有吧台、工作室和会议室。十几张特别设计的休闲沙发椅随意散落着，连窗台都铺上了鲜红色的靠垫。窗外，太平湖上漾着点点波光。在这里休息的不仅有他们的员工和客户，有时候一些设计界名流和路过的行人也会来坐坐。往里走，“贵宾空间”是专门为客户和合作伙伴开放的，用来举办各种活动。最靠里面的部分是“私密空间”，创意部、销售部、CAD团队等员工在这个区域里办公。两扇特殊隔音材料制成的“岩洞门”很好地保护了员工领地的独立性。

以上企业在员工的工作环境上做了很多的努力，工作生活化是他们共同的特点。这些公司不惜投入巨资来大力营造有利于工作、有利于沟通的组织环境。

可能很多人会好奇，为什么办公环境的改善能够提高员工的工作效率？从TA理论上来看很容易明白，原来决定员工工作兴趣的主要是我们的自由型儿童自我状态（FC），而工作环境改善后，自由型儿童自我状态得到了很好的照顾、释放和满足。没有了压抑感，员工就会更爱他们的公司并投入地工作，这种条件下工作效率提高就不足为怪了。

组织在硬件环境上的改善可以得到员工的认同，提高工作效率，那么企业在软环境方面所做的工作，如对企业文化下的人际关系、工作氛围、管理风格、激励机制等进行改善，会不会有同样效果呢？

博雅公关公司（Burson-Marsteller）曾与最佳职场研究所合作，请公认的最佳公司高级主管谈论他们对积极工作环境价值的看法。在该项调查中，全球工作环境排名前20～25位的公司主管给出了答复：一是它们对员工投入更多。在这一问题上，主管的答复是，这样做对企业有好处。30%的排名靠前的公司并没有削减或废除计划，而是更多地投入到工作生活计划，比如弹性工作时间、健康福利以及员工额外津贴等；剩余的70%则一直保持原有的投入水平。二是它们在升级福利。在考虑HR提供给员工最受欢迎的福利时，那些老套福利，如健康保险、探亲假以及弹性工作时间，只占到总数的15%。在考虑哪种福利在经济动荡时期可以提供稳定性时，传统的工作场所福利，如自助餐厅、托儿服务、按摩以及志愿机会，只占到5%。相反，据75%的调查对象反映，那些可以传达品牌使命、提供职业发展机会的项目可以为员工带来最大的稳定。

当问到公司工作承诺中哪些因素最有益于其日常运营时，它们认为文化占到80%，人才储备占到70%。竞争力、客户忠诚度、创新以及生产率——这些虽然对于公司日常运营而言非常关键——却排在了后面，各自占比不到20%。在这样一个人才竞争逐渐全球化的世界里，星级员工更青睐那些价值观与自身价值观一致的公司。

以上案例中，正是看到了工作环境的改善（办公硬件环境和管理软环境）所带来的工作效率提升的价值，才让这些世界知名企业不遗余力、花费巨资从硬件和软件上双管齐下，对企业环境做了很多人性化、生活化设计。

与之相比，我们国内企业对企业环境的重视又如何呢？让我们看一组调查数据。这组数据是网络招聘企业中华英才网，面向京津沪、珠江三角洲及东南沿海、东北地区、西部地区、中部地区总计3000名企业员工调查得来的。结果显示：46%的人士感觉公司对营造员工劳逸结合的工作环境“不太关心”；23%的人士表示公司“加班已成风气”；22%的人士则表示“公司有很人性化的相关措施”；而表示“公司和领导很关心员工”的受访者只占7%。

从数据上来看，国内大多数企业在工作环境（办公硬件环境和管理软环境）建设方面做得还不够，甚至根本就没做。除了像华为、百度、腾讯、阿里巴巴等少数大企业之外，工作环境之于沟通和工作效率的重要性还没有引起国内企业足够的重视。

西学东用。好的就应该借鉴和学习，但千万不要照抄照搬。那么，我国企业如何优化沟通环境呢?

一、构建舒适、高效的办公环境

工作场所和工作设备是企业给员工提供的最基础的硬件环境。没有一个舒适的工作场所，员工便无法专心开展工作；没有良好的设施设备，员工的工作效率必然低下，企业的快速发展必然受到束缚。我们不一定像那些知名企业那样花费巨资全面改善企业办公环境，但花少部分资金对工作场所进行装修、隔音或绿化还是能做到的。

另外，集中有限的资金逐渐购置一些现代化的办公设备，给员工准备些咖啡喝也不是件难事儿。能否用有限的资源创造一个温馨、洁净和高效的工作环境，关键在于你是否意识到了企业环境对工作效率提升的重要性。

二、建立和维护平等互利、和平共处的人际关系

实际上，在欧美一些国家建立起平等互利的人际关系相对容易些，而在我国的组织内建立起来相对困难一些，因为它们的文化基因不同。我国受传统的儒家思想的影响，特别讲究个人在社会关系中的尊卑和亲疏，我们称之为关系主义。用TA语言来讲，这种与西方截然不同的“文

化脚本”对人际关系有一定的影响。

在西方的企业，强调员工间的平等，无论是平级间还是层级间通常使用的是“成人自我状态（A）——成人自我状态（A）”的互动模式；而在我国，受传统文化的影响，更注重辈份和层级，人际间通常使用“父母自我状态（P）——儿童自我状态（C）”这种交往模式。所以，在我国的企业里，一些管理者会这样认为：我是领导，你是员工，你得听我的；我是年长者，我比你年纪大，你就该尊重我……。这种具有中国特色的人际互动模式是存在弊端的，不利于员工的成长。因为“父母”都替“孩子”考虑好了，“你按照我说的做就行了”，在这种情况下，员工当然不用主动思考，不思考就不会真正成长。这种被动地执行带来的不仅仅是工作效率的低下，更主要的是企业命运掌握在“能人”手里，“将强强一个，将弱弱一窝”，一旦“能人”离开，企业经营不堪设想。

为了避免以上情况的发生，企业不妨按照下面的方法来操作，双管齐下，定能收到良好效果：

一方面，在人际关系上，层级之间遵循父母自我状态（P）——儿童自我状态（C）的交往互动模式。我国传统文化中有尊卑观念，在管理中，管理者要减少负能量的控制型父母自我状态（CP），多体现正能量的控制型父母自我状态（CP），同时适度增加正能量的养育型父母自我状态（NP）（由负面控制到正面支持和尊重的转变）。在亲疏方面，管理者要保持公理心。古语讲：“出公理，则远者自亲；行私为，则子母相怨。”意思是说，办事情出于公心，就是疏远的人也会亲近你，出于私心，即使最亲近的母子也会相互埋怨。为此，企业要倡导“公平、公正和透明”的人文管理文化，而管理者在工作中要以公理心待人，要注意公平相待，这样更容易让下属尊敬你。千万不要近亲疏远，更不能以权压人，这样做往往得不偿失。

另一方面，在工作上，层级之间不妨按照成人自我状态（A）——成人自我状态（A）的模式来互动，这是一种平等、高效的工作关系。在做事方面，管理者要强调人人平等，要将下属看成有能力有担当的“成人”来适度放权，强化员工主动思考，勇挑重担。久久而之，员工的“成人自我状态”就会得到锻炼和加强。下属的成长担当意味着管理者的身心轻松。这就要求管理人员要不断加强自身修养，以品德赢得人心，以才华折服人心。

三、营造一个和谐的人际环境

古语讲：“和于物，则诸事顺；和于人，则得多助；和于心，则处之泰然；和于行，可左右逢源！”“和”字在我国传统文化中有很重的分量。还有两个带“和”字的成语，一个是“家和万事兴”，另一个是“和气生财”。前者常用于家庭系统，后者通常用于组织系统。这两个成语其实表达了同一个道理，即“和谐的人际环境是可以创造财富的。”仅拿企业来说，和谐的人际环境是企业最重要的资源之一，但遗憾的是，很多企业并没有花大气力来开发这种宝贵的资源。

无论什么性质的组织，倘若人际环境好，那么它对员工产生的影响就是积极的，这样就能推动工作效率不断提高；如果人际环境差，那么它对成员的影响就是消极的，这样势必会导致成员的工作效率降低，从而影响组织的发展。所以，企业领导者和管理者一定要以身作则，用行动和制度来营造一个和谐的人际环境。

四、大力建设人力资源管理方面的软环境

在企业人力资源管理方面，主要有三个因素会影响员工的心理环境，分别是发展空间、薪酬福利和规章制度。这三个方面的因素也一直是“最佳雇主”企业的主要评价内容。它们的重要性在于直接影响着员

工的内心环境稳定与否。企业如果处理得好，员工的内心环境就平衡，工作劲头足，企业绩效就更好；如果处理得不好，员工的内心环境就会失衡，无心工作，企业绩效自然就差。所以企业要在这三个方面下功夫才行。

一是要为员工提供发展空间。员工在一个平台能待多久，取决于这个组织的发展空间。有发展空间的组织，员工有动力，待得住，能够与组织相伴成长；没有发展空间的组织，员工待不住，组织人员流动就频繁。其中道理很简单：有空间，员工可以选择“跳高”；没空间，员工当然要选择跳槽了。基于此，我们不但要为员工设定纵向的发展通道，比如晋升，还要考虑给予员工横向发展的机会，比如平调。纵横交错的二维发展空间，不但满足了员工“跳高”的需要，还提供了员工内部跳槽的机会，更主要的是可以培养一批高精尖且全面发展的人才。

二是要设计合理的薪酬福利体系。薪酬福利最大的价值在于它的激励性。企业与员工的本质关系是利益交换的关系，企业雇用员工的智慧，员工通过劳动换取满意的报酬。在这个基础上，如果企业能够适度提高薪酬福利水平，使之在同行业中具有竞争力，那么它的激励性就发挥作用了。另外从员工的角度来讲，薪酬、福利并不是其工作的唯一需求，在这种情况下，企业再能保证“能者多劳，多劳多得”就能更好地激励员工。所以企业在设计薪酬体系和福利机制时，一定要把握这两点。

三是要制定相应的规章制度。有规矩才能成方圆。无论什么时候，企业的规章制度都是必需的。它的角色就像TA人格理论中的“父母自我状态”一样，时刻提醒你该做什么，不该做什么。对组织中的员工起着控制或关怀的作用。合理的规章制度表现为企业严格不严厉，员工接受不难受，从而起到为企业发展保驾护航的作用；不合理的规章制度则相反，员工在其中会感到无所适从，有束缚感，这种心境下的员工怎么能发挥出全部能力呢！

基于此，组织在制定规章制度时要注意两点：其一，不能一厢情愿地单方面制定，应从企业实际出发，多倾听员工和管理人员的声音，最好是由执行者来制定；其二，规章制度是用来保障目标实现的，而不是用来管人的。这一点一定要让你的员工知道并理解。把握好这两点，企业的规章制度才能真正被遵守。千万不要单方面制定，并摆出一副“爱遵守不遵守，不遵守就走人”的姿态，这样做对企业的长远发展是不利的。

管理不是控制而是释放。从工作环境角度看，理想的工作环境应该是这样的：要理性，也要感性；要严格管理，也要尊重支持；既不压制，也不放纵。也就是说，良好的工作环境是能够让人性得到适度的释放而不是控制和压抑。保证了这一点，人的工作积极性和创造力就得到了保障，就会提高工作效率，达到良好的沟通效果。

最后，需要提醒的是，决定一个企业工作环境好坏的因素不仅限于上述几种，不同的企业会有不同的影响因素。它的重要性在于，一个或者几个因素处理不好就会对员工的情绪和工作效率产生不利影响，甚至会决定员工的去留，所以建议企业要重视员工的工作环境，并不断地改进和完善。

第三章

模式选择

沟通模式决定沟通成败

点睛之语

“说什么”很重要，但“怎么说”更重要。

——徐丽丽（中国TA协会副会长）

TA理论是埃瑞克·伯恩为我们贡献的一种全新的沟通语言。这种新颖的沟通语言独辟蹊径，用一个词“自我状态”就把沟通的本源（为什么那么说）和表象（说了什么）讲明白了，让沟通瞬间变得简单明了。埃瑞克·伯恩认为，人与人交往（沟通），就是彼此三种自我状态之间的交往（沟通）。因为每个人都有三种自我状态，所以，埃瑞克·伯恩的这句话我们可以这样来理解：你和别人沟通的时候，并不是两个人，而是“六个人”。如图3-1所示。

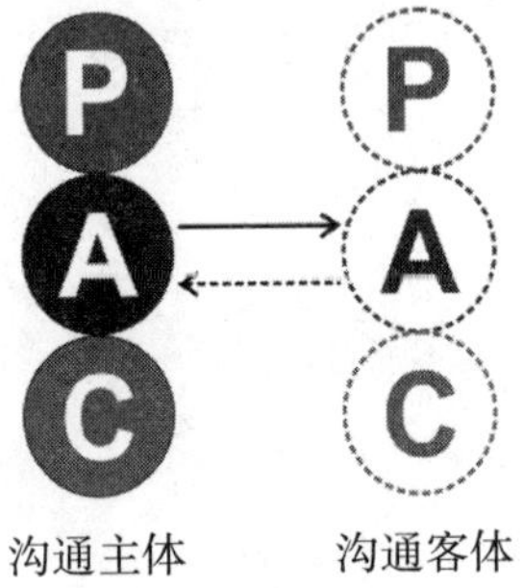

图3-1 TA理论下的沟通模型

从TA理论的角度来看，沟通的过程是这样的：沟通主体用三种自我状态中的一种发出邀请，期待回应；然后沟通客体用三种自我状态中的一种来接收邀请并做出回应。接下来，对于沟通主体来说，沟通客体的回应信息便又成了新的邀请信息，然后再做出回应，再接收邀请，如此往复，直到本次沟通结束。这个沟通过程，埃瑞克·伯恩称之为“交互作用的过程”。

自我状态就像一把钥匙，让埃瑞克·伯恩一下子打开了沟通之门，让我们眼前豁然开朗。同时，善于思考的埃瑞克·伯恩就注意到，人与人之间在使用自我状态进行沟通时是有规律可循的。经过归纳与总结，他发现人际间有且仅有三种沟通模式，分别为互补式沟通、交错式沟通和隐匿式沟通。这三种沟通模式有什么样的特点和规律呢？

下面我们借用古装侦探系列电视剧《神探狄仁杰》中狄仁杰与李元芳之间的对话来演示三大沟通模式。

狄仁杰发出沟通信息，李元芳接收到信息之后，使用了不同的自我状态给予回应。

对话一

狄仁杰："元芳，此事你怎么看？"

元芳："大人，此事背后一定有一个天大的秘密。"

对话二

狄仁杰："元芳，此事你怎么看？"

元芳："你自己明明会分析，还问我，烦不烦啊？"

对话三

狄仁杰："元芳，此事你怎么看？"

元芳："此事初杂，今脉络已显，童叟皆清！"

这三组对话效果有什么不同？

对话一，狄大人感觉会很好，因为元芳的回应正是狄大人所希望的。我们可以想象狄大人会继续问："哦？那你说说看。"然后元芳就会把自己对此事的见解向狄公说明。如此往复，两个人的沟通就会顺畅地进行下去。

从TA理论的角度，你会发现两个人自始至终均处在理性的"成人自我状态"里，进行着一问一答式的顺畅沟通。如图3–2所示。

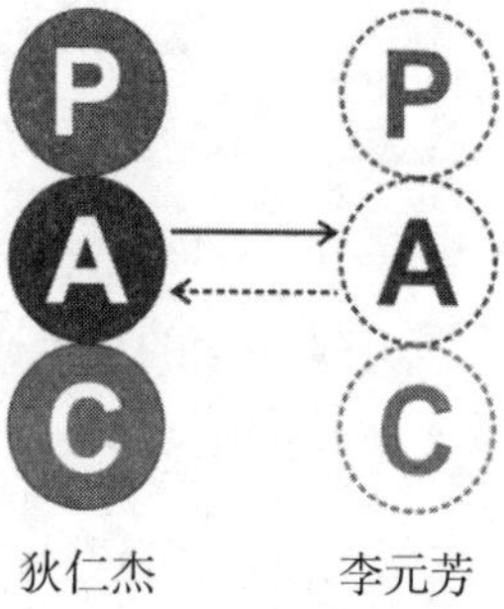

图3–2　互补式沟通模型

对话二，狄大人会感觉很诧异，因为元芳的回应是出乎意料的，这不是狄大人所希望的。我们可以想象狄大人会一愣，接着怒斥道：“元芳，竟敢对本官如此无理！”本来这是一次很平常的沟通，却因元芳的出奇之举而闹得很不愉快，两个人之间的隔阂可能会由此产生。

从TA理论的角度来看，狄公问元芳的第一句话，使用的是理性的“成人自我状态”；他希望元芳能用他的“成人自我状态”，像以前那样配合地说出他的想法；而这次元芳却没有“按常规套路出牌”，回应时使用的却是不耐烦的“儿童自我状态”，这样的无礼回应，狄公哪里受得了，一怒之下，竟也失了理性，动用了自己的“控制型父母自我状态”，企图震慑元芳。

这个沟通片断，是不是有似曾相识的感觉？像不像一个家长和自己的孩子在沟通，像不像上级对下属在沟通，像不像一位老师和学生在沟通？如图3–3所示。

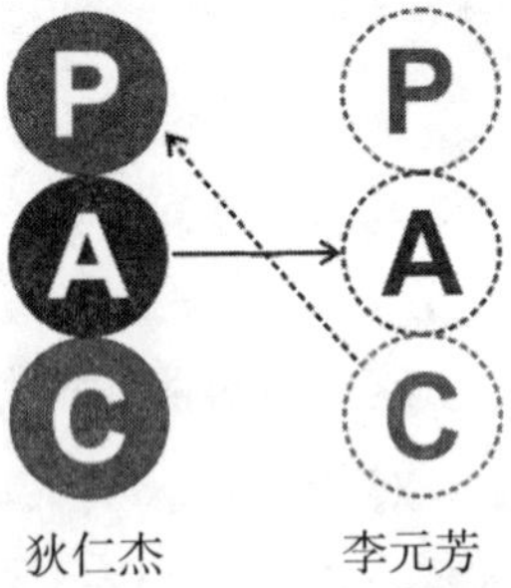

图3–3　交错式沟通模型

对话三，面对这样的回答，狄公或者若无其事，或者心中不快。因为元芳的回答听起来很理性、很客观，其实言外之意是，这件事虽然一开始复杂，但现在已经很清楚了，连老人、小孩都能看得出来，难道你看不出来吗？这样的回应，很是考验狄仁杰的理解能力，如果理解的关注点放在了表面意思上，不会有任何的事情发生，沟通还会继续下去；但如果理解的关注点放在了对方的言外之意上，很可能会引发两个人的矛盾和冲突。

从TA理论的角度来看，表面上元芳用的是“成人自我状态”进行回应，实际上使用的却是“父母自我状态”。如图3–4所示。

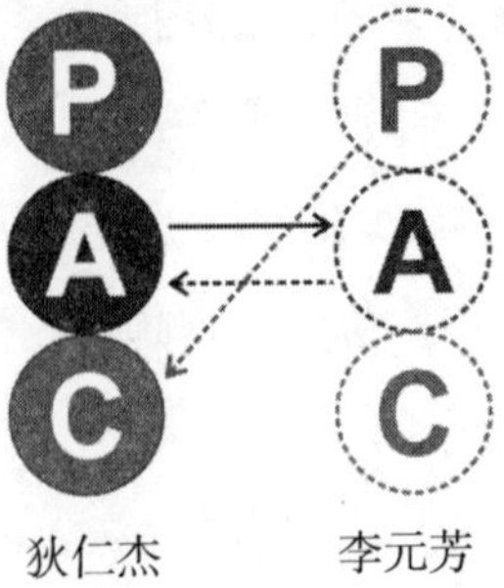

图3–4　隐匿式沟通模型

以上三组对话就是我们要讲的三大沟通模

式。三种沟通模式各具特点，对我们人与人之间的沟通具有重要的指导意义。

第一节 互补式沟通

在互补式沟通模式中，沟通主体和沟通客体是你有来言，我有去语，彼此都在“按套路出牌”，对各自的愿望都给予了预期的满足。埃瑞克·伯恩认为，只要沟通双方保持这种互补模式，沟通就可以持续进行下去。

在日常的工作和生活中，互补式沟通模式通常有以下五种类型。

一、“成人——成人”模式

这种类型指的是成人自我状态（A）对成人自我状态（A）的沟通。如图3–5所示。

举例如下：

（1）周五下班前（沟通环境）。

员工甲：“明天去看电影吗?

员工乙思索了片刻，说道：“明天没有什么安排，可以的。”

图3–5 “成人——成人”沟通模式

（2）客户来访（沟通环境）。

客人：“请问，总经理办公室怎么走？”

前台服务员：“这条走廊走到尽头，左拐第一个门就是。”

（3）某银行接待大厅（沟通环境）。

老大爷："今天能取我的退休金吗？"（耳聋，声音很大）

大堂经理："能，大爷！"（走到跟前，也大声地说道）

二、"父母——儿童"模式

这种类型指的是父母自我状态（P）对儿童自我状态（C）的沟通。如图3–6所示。

举例如下：

图3–6 "父母——儿童"沟通模式

（1）早晨上班打卡机旁（沟通环境）。

经理："你看看都几点了，怎么才来上班？"（板着面孔）

员工："对不起，我起晚了！"（低着头，小声地说）

（2）出差回来（沟通环境）。

王总（主管销售）："目前业绩超过去年同期20%，你小子干得不错！"（亲手泡了一杯茶）

李经理（东北大区）看领导给自己倒茶，慌忙起身说："谢谢，谢谢王总！还不是您指导有方！"（双手接过茶，面露喜色）

（3）总监办公室（沟通环境）。

总监一拍桌子，冲着业务员呵斥道："你长没长脑子？！我昨天不是让你通知那个大客户我3点去吗，你怎么通知人家下午1点到呢，害得那个老板等了我两个小时？！"

业务员耷拉个脑袋，两手紧紧地握在腹前，连大气也不敢出，半晌，才胆怯地说："对……对不起，是……是我听错了！"

三、“儿童——父母”模式

这种类型指的是儿童自我状态（C）对父母自我状态（P）的沟通。如图3–7所示。

图3–7 “儿童——父母”沟通模式

举例如下：

（1）策划部经理办公室（沟通环境）。

小李：“领导，这是您让我写的策划案。实在对不起，晚了一天。”（调皮的样子）

经理：“没关系，让我看看。嗯……写得不错嘛，看来你是下功夫了！”

（2）出差回来（沟通环境）。

李小霞（东北大区代表）：“王总！我回来了，有一个坏消息要告诉您！”（情绪低落的样子）

王静（主管销售老总）：“怎么了？”（关切地问）

李小霞：“那个大客户被我……被我拿下来了！”（故弄玄虚）

王静：“你这个臭丫头！”

（3）总经理办公室（沟通环境）。

赵经理（上午刚任命）：“李总，我担心管理不好这个部门！”（不自信的样子）

李总：“我相信你，你是最棒的！”（做握拳状）

四、“父母——父母”模式

这种类型指的是父母自我状态（P）对父母自我状态（P）的沟通。如图3–8所示。

举例如下：

（1）某呼叫中心，刚处理完一个投诉电话（沟通环境）。

客服甲："这个客户真没素质！"（愤愤地说道）

客服乙："没错！今天我也算长见识了，居然还有这样的人！"

图3-8 "父母——父母"沟通模式

（2）中午外面就餐（沟通环境）。

妈妈甲："你说这微信多坑人啊，我们孩子整天都不离手！"

妈妈乙："是啊！我们家那个小祖宗也是！"

（3）中午办公室闲聊（沟通环境）。

同事甲："张姐，你知道老王那个孩子吧？又离（婚）了！"

张姐："是吗？你说现在的孩子可咋办，动不动就离，跟玩似的！"

提示：父母对父母的沟通模式多出现于两个人对第三方的评价、议论、批评、指责等。

五、"儿童——儿童"模式

这种类型指的是儿童自我状态（C）对儿童自我状态（C）的沟通。如图3–9所示。

举例如下：

图3–9 "儿童——儿童"沟通模式

（1）下班时间刚过（沟通环境）。

经理："同志们，下班了！咱们OK去啦！"（经理也疯狂）

员工："太好了，头儿！咱们还去上次那个地方吧。"（喜形于色）

（2）新来经理刚离开（沟通环境）。

女同事甲："啊！新来的经理好帅呦！"

女同事乙："同感啊！简直帅呆了！"

（3）两个女同事，关系很好（沟通环境）。

同事甲："烦人，我不理你了！"

同事乙："嘻嘻，我不烦人，我理你行吧！"

通过以上的互补沟通模型你会发现，只要是互补沟通就有一个共同的特点，即表示信息传递方向的带箭头的两条线是平行的，所以互补式沟通也被称之为平行式沟通；但是，带箭头的两条线平行并不一定是互补沟通模式，在第二种沟通模式——交错式沟通中"成人——成人"被"儿童——儿童"交错模式中你会看到这样的例子。

在日常的工作和生活中，互补式沟通被看作是最有效率的沟通模式。这种沟通模式对人际间的关系促进、工作效率提升和问题解决都有很大的帮助。

第二节 交错式沟通

在交错式沟通模式中，沟通主体或客体总会有一方"不按套路出牌"，让对方感到意外，使沟通中断，从而引发不适应的心理或行为反应。交错式沟通模式通常有以下四种类型。

一、“成人——成人”被“父母——儿童”交错模式

这种类型指的是，成人自我状态（A）向对方的成人自我状态（A）发出信息，被对方的父母自我状态（P）接收并回应，指向的是儿童自我状态（C）。如图3-10所示。

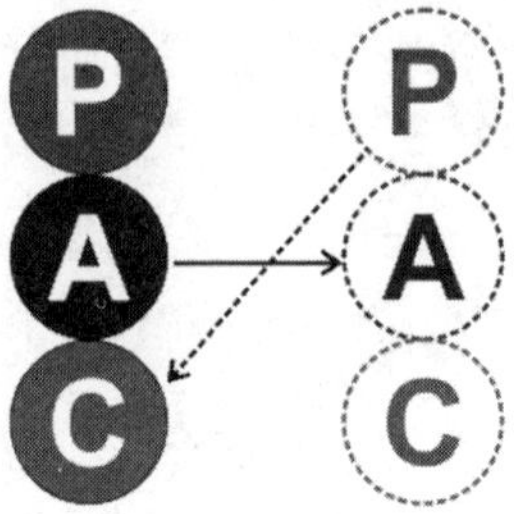

图3-10 “成人——成人”被“父母——儿童”交错的沟通模式

举例如下：

（1）李经理办公室，两个平级部门经理在协调部门间配合上的事（沟通环境）。

李经理：“离下班还有段时间，针对这个问题我们再讨论一下，如何？”

张经理：“还有那个必要吗？”（轻蔑的样子）

（2）某银行营业大厅（沟通环境）。

老大爷：“今天能取我的退休金吗？”（耳聋，说话的声音很大）

大堂经理：“上次不是告诉过你吗，怎么还问！”（皱眉，不耐烦的样子）

二、“成人——成人”被“儿童——父母”交错模式

这种类型指的是，成人自我状态（A）向对方的成人自我状态（A）发出信息，被对方的儿童自我状态（C）接收并回应，指向的是父母自我状态（P）。如图3-11所示。

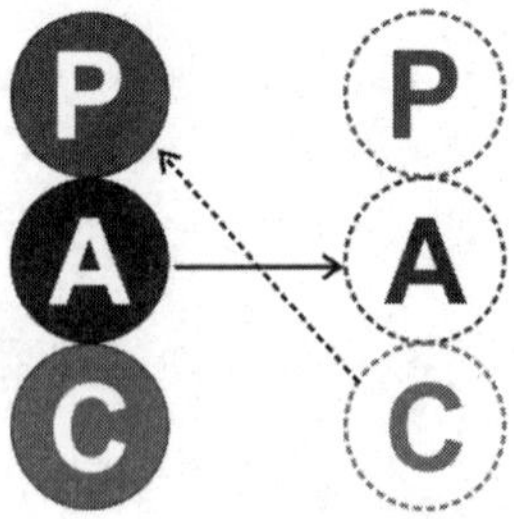

图3-11 “成人——成人”被“儿童——父母”交错的沟通模式

举例如下：

（1）周五下班前，同事间对话（沟通环境）。

同事甲：“明天我们去看场电影怎么样？”

同事乙：“我才不去呢！”

（2）周五夕会上（沟通环境）。

经理：“小周，明天你加个班。”

小周：“经理，可我明天有事啊！”（声音发哆）

三、“成人——成人”被“儿童——儿童”交错模式

这种类型指的是，成人自我状态（A）向对方的成人自我状态（A）发出信息，被对方的儿童自我状态（C）接收并回应，指向的是儿童自我状态（C）。如图3-12所示。

举例如下：

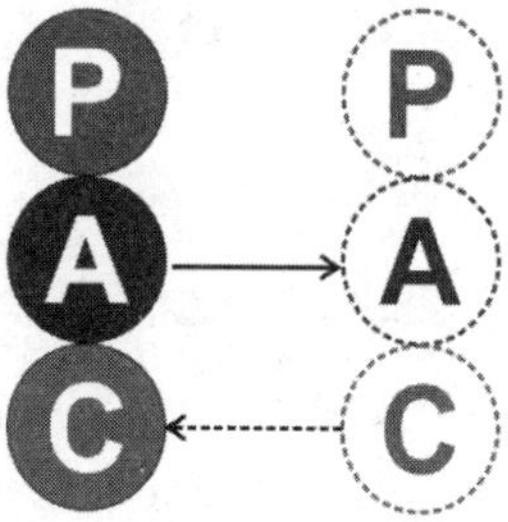

图3-12 “成人——成人”被“儿童——儿童”交错的沟通模式

（1）同事间对话（沟通环境）。

同事甲：“今天的订单太多了，我看必须得加班了！”（事实描述）

同事乙：“我才不管呢，到点我就走人！”（自说自话）

（2）同事与女朋友谈话（沟通环境）。

同事甲：“我是一个重感情的人。”（事实描述）

女朋友：“那你的意思，我不是一个重感情的人了？”

四、“儿童——儿童”被“父母——儿童”交错模式

这种类型指的是，儿童自我状态（C）向对方的儿童自我状态（C）发出信息，被对方的父母自我状态（P）接收并回应，指向的是儿童自我状态（C）。如图3-13所示。

举例如下：

（1）销售部，经理正埋头做下个月销售计划（沟通环境）。

部下："头儿，反正这个月我们超额完成了任务，今晚咱们去'撸串'呗？"

经理："你就知道吃！这个月完成了，还有下个月呢！"

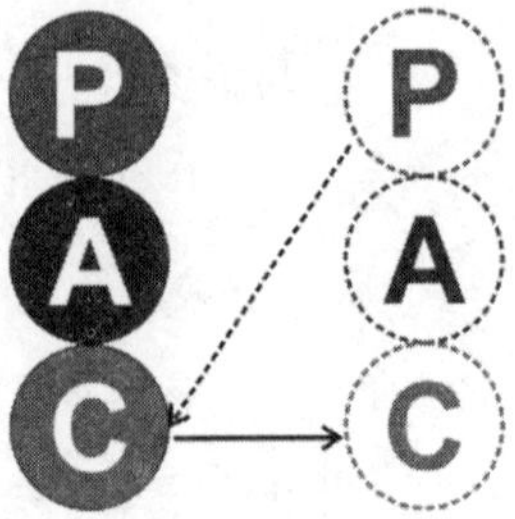

图3-13 "儿童——儿童"被"父母——儿童"交错的沟通模式

（2）办公室，小马收到一套网上订购的西装，众人围观（沟通环境）。

小马："姐，不给我未来的姐夫来一套？"（和经理开玩笑）

经理："哪来那么多废话！把衣服收起来，这是上班时间！"（脸色很难看）

交错式沟通会损耗双方的精力和能量。事实上，人际关系中的障碍，比如误解、矛盾或冲突等，多来自这种沟通模式。一个人发出沟通邀请，期待某种回应而没有获得，便会引发不舒服的心理感受。轻者会引起心中不快，此时可能选择退缩或逃避；重者甚至会怒发冲冠而攻击对方，从而引发对方也采用针锋相对的方式给予还击。

当然，交错沟通也并非一无是处，我们也可以利用交错沟通这种模式来改变别人的自我状态，从而达到沟通目的。这种情况多出现于需要鼓励的"儿童"和偏激的"父母"身上。

我们先看第一种情况：需要鼓励的"儿童"对你的邀请。

新任命的经理："张总，我担心管理不好这个部门！"（需要鼓励的儿童自我状态）

面对新任命经理的信心不足，通常情况下，总经理会这样说，"我相信你，你是最棒的！”（养育型父母自我状态）但总经理这样的互补回答是解决不了新任命经理信心不足这个问题的，所以不妨通过交错沟通来达成目的。

总经理：“你担心的是什么？”（成人自我状态）

新任命的经理：“张总，我的担心有两点：一是没有管理经验；二是之前大家都是同事，现在却成了他们的领导，我担心大家不配合我！（说出了自己内心真实的想法，是成人自我状态的体现。）

总经理停顿了一下，说：“这个想法我能理解，因为当初我也有过这样的经历。不过，你在公司工作满五年了，无论人品还是能力，无人能出你左右，大家也比较佩服你。放心大胆地去做吧，我相信你，同时我也会支持你！”（用力地拍了一下肩膀）

我们分析一下总经理的这次回应：

由于没有管理经验，新任命经理的内心是不安的。出乎意料的是，总经理没有按惯常的思维去安慰和鼓励他，而是用成人自我状态反问了一句，“你担心什么？”这样问的好处在于，能够引导他从儿童自我状态回到成人自我状态上来，让他清醒地知道自己的优点在哪里，并且明白公司为什么会把这个职位交给他。

我们再看另一种情形：有人邀请你与他一起抱怨。

同事：“哎，又是一个雾霾天！”（抱怨的控制型父母自我状态CP）

你：“是啊！简直让人无法呼吸！”（附和抱怨的控制型父母自我状态CP）

同事：“你说，这个月咱们见到过蓝天吗？！”（继续抱怨）

你：“好像没有！”（继续附和）

同事：“这年头我看没好了！”（继续抱怨）

你：“也没人管管！”（继续附和）

以上的对话，是两个人在玩“抱怨”的游戏，对解决问题没有任何意义。假如你不想接受“抱怨”的邀请，或者想中断这样没有意义的交流，可以使用交错式沟通来达到目的。

同事：“你看，又是一个雾霾天！”（抱怨的控制型父母自我状态CP）

你：“是啊！”（微笑着表示认同）（成人自我状态A）

同事：“你说，这个月你见到过蓝天吗？！”（继续抱怨）

你：“你没见过吗？”（成人自我状态A）

同事一愣神，接着说：“就那么几天而已。”（成人自我状态A）

你：“是的，十天前的那一周天气都很不错。”（成人自我状态A）

所以，当出现交错式沟通时，一定要有敏锐的觉察力（自我觉察和觉察对方），一方面可以避免矛盾、冲突的发生，另一方面也可以利用这种模式使沟通重新回到正确的轨道上来。

第三节 隐匿式沟通

隐匿式沟通模式有些复杂，因为它涉及两种以上的自我状态。不是沟通主体使用两种自我状态来发出沟通邀请，就是沟通客体使用两种自我状态进行回应。这两种自我状态，一个是表面的、社交层面的信息——多为成人自我状态（A）对另一个人的成人自我状态（A），另一个是隐匿的、心理层面的信息——多为父母自我状态（P）对儿童自我状态（C）或儿童自我状态（C）对父母自我状态（P）。

通过分析来看，两个人表面上是在“按照套路出牌”，实则另含他意。彼此不直接表达意思，而是“话里有话”，或者“口是心非”。

隐匿式沟通，通常有以下几种常见的类型。

一、明为“成人——成人”，实则“父母——儿童”模式

这种类型表面上是成人自我状态（A）对成人自我状态（A）的信息传递，实际上是父母自我状态（P）对儿童自我状态（C）的信息传递。如图3–14所示。

举例如下：

某公司下午5时30分下班，临近下班的时候（沟通环境）。

员工甲：“现在几点了？”（其实是问同事乙）

不一会儿，部门主管对员工甲说道：“把这份文件帮我录入一下，6点完成没问题吧？”

图3–14　明为“成人——成人”，实则“父母——儿童”的沟通模式

在这次对话中，部门主管的做法是表面的、社交层面的信息，其实部门主管心想，“你不是想早点下班吗，我就不让你得逞！”这才是隐藏的信息。也就是说，部门主管的理解放在了员工的心理层面的信息上（也许员工根本没这么想，只是随口问了一句），他认为员工甲是想尽快下班。这在严谨的部门主管那里是不能容忍的，于是，部门主管给员工甲临时交办了一个6点钟才能完成的任务。其实他内心的真实想法是：“你不是想早点下班吧，我偏不让你得逞。”这是带有惩罚性质的安排。这种情况下，如果员工甲理解为领导交办的任务是事实，这是他对我的信任，就会痛快地答应下来；相反，如果员工甲认为是部门主管想刻意惩罚他才让他加班晚走的隐匿信息，很可能会当即拒绝，说自己下班后有重要的事要办，两个人由此可能会产生冲突。

二、明为“成人——成人”，实则“儿童——父母”模式

这种类型表面上是成人自我状态（A）对成人自我状态（A）的信息传递，实际上是儿童自我状态（C）对父母自我状态（P）的信息传递。如图3-15所示。

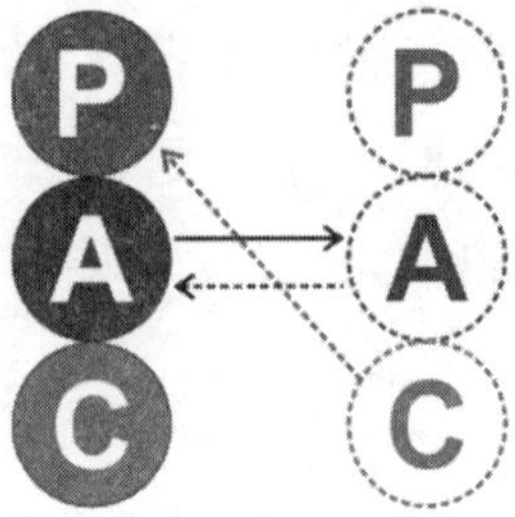

图3-15　明为“成人——成人”，实则“儿童——父母”的沟通模式

举例如下：

财务办公室，行政部经理来递报销单据（沟通环境）。

行政部经理：“昨天公司下发的笔你们用着怎么样？”

财务部员工：“挺好的，我们要求不高。”

在这次对话中，财务部员工的做法是表面的、社交层面的信息，其实员工心想：“就买这些破笔来糊弄我们！”这是隐藏的、心理层面的信息。

三、明为“成人——成人”，实则“成人——儿童”模式

这种类型表面上是成人自我状态（A）对成人自我状态（A）的信息传递，实际上是成人自我状态（A）对儿童自我状态（C）的信息传递。如图3-16所示。

图3-16　明为“成人——成人”，实则“成人——儿童”的沟通模式

这种类型的隐匿沟通模式被埃瑞克·伯恩称之为角状沟通，常见于销售过程当中。压力销售法运用的就是这种沟通模式。它是销售时卖方和买方经常采用的一种策略，虚实结合，让对方感受到压力，以期达到成交的目的。

举例如下：

（1）商场某品牌手机柜台前，顾客前来买手机（沟通环境）。

销售人员：“这款手机正在优惠促销中，过了‘十一’就恢复正常价了！”（这是表面的、社交层面的信息。其真实的想法是“要买就快点”，这是隐匿的、心理层面的信息。）

顾客：“是嘛，现在优惠多少？”

销售人员：“优惠200元。”

顾客：“好！去哪儿交款？”（顾客决定成交）

这位销售人员运用隐匿的沟通模式，成功促成了一次交易。当然，顾客也可以以其人之道还治其人之身。请看下面这个销售场景。

（2）某品牌汽车4S店销售区（沟通环境）。

销售人员：“这款车最低价15.8万元！”

顾客：“哦，还能再便宜点吗？我跟你说实话吧，我昨天去了另一家4S店了，对方15万元而且含装具我都没定。”（这是表面的、社交层面的信息。其真实的想法是“你要能比这个价再便宜一些，我就在你这买”。这是隐匿的、心理层面的信息。）

销售人员：“你带订金了吗？”（注意：通常这句话预示着成交）

隐匿式沟通有时不太好识别，要注意以下两点：

第一，通常沟通主体或沟通客体想传达的真实意思隐藏在了心理层面里，所以隐匿式沟通的结果取决于对方的理解。基于此，在工作和生活中，尽量不要使用隐匿式沟通，避免带来麻烦。当然，有的时候也可利用隐匿式沟通来达到特殊的沟通目的。来看下面的案例。

A国总统：“‘家里’最近怎么样？”

B国总理：“挺好的！您的夫人和孩子们也挺好吧？”

A国总统：“挺好的，谢谢您及您的家人！”

A国总统一语双关式的“问候”，看起来是针对小家，其实隐含了对B国的“关注”；B国总理却把理解点放在了对家庭的问候上，巧妙地避开了A国总统带有言外之意的“问候”，体现了B国总理的沟通智慧。

第二，在隐匿式沟通里，表面的、社交层面的信息，通常通过语言来传达，而隐藏的、心理层面的信息，通常是由非语言来传达的。

非语言指的是语气、语调、身体姿态和面部表情等。来看下面的案例：

办公室里，经理看到小张工作状态不佳（沟通环境）。

经理：“小张，昨晚没休息好吗？”

小张：“有一点儿。谢谢经理的关心！”

如果单从语言上来看，经理和下属小张之间是一次“成人自我状态对成人自我状态”的交流，或者是“养育型父母自我状态对自由型儿童自我状态”的关心，属于互补式沟通。假如我们在现场，注意二者一问一答时的面部表情和语气语调，你可能会有另外的发现：表达者和回应者都是话中有话。经理面无表情或者皱着眉，语气冰冷，语调的重心落到了最后一个字“吗”上面；小张头也没抬，回答时语气平淡，略微调整了一下坐姿而已。从心理层面来分析，经理看到小张的工作状态，很是生气，心想：“你为什么总是无精打采的样子！”小张已经从经理的语气和语调上捕捉到了经理的心理层面的信息。心里暗暗说道：“我没精神，都是因为你不会领导！”

在沟通中，如果主客体之间缺乏理解，无法准确识别“隐匿的、心理层面的信息，常常会引发矛盾、误解和冲突，最终导致不可收拾的结果。

由此看来，隐匿式沟通和交错式沟通一样会损耗当事人的精力和能量。所以，我们有话尽量直说，别绕弯子，尽量减少“我认为你应该明白”的沟通情形，这样做一来可以减少无谓的精力损耗，二来可以减少摩擦和冲突！

第四章

心理定位

沟通结果取决于内心

点睛之语

很多时候，某些人不会伤害你，伤害你的是你对某些人的想法或看法。

什么是心理定位呢？我们从一位姓周的妈妈和女儿睡觉前的一段对话说起。

睡觉前，孩子说：“妈妈，明天给我做三明治吧，我想吃！”

周妈妈边点头边说：“好的！”

听到妈妈满足了她，孩子很高兴。

过了一会儿，孩子又说道：“妈妈，再给我买一个小孩子专用的三明治机，好吗？”

请思考一下，如果你是这位周妈妈，接下来你会怎样回答孩子呢？不同的妈妈会有不同的回答，常见有如下两种。

甲妈妈说：“好，等你长大了，妈妈就给你买，睡吧！”

乙妈妈说：“得寸进尺是吧，快睡觉！”

你可以想象得到，孩子对于妈妈这两种回答，一定是这样的反应：一种反应是把脸扭过去，不理妈妈了；一种反应是伤心地哭泣。为什么孩子会有这样的反应？因为这两种回应都是建立在“孩子不好”的基础上，而这位智慧的周妈妈并没有这么做，那么她是怎样回应的呢？

周妈妈说：“为什么要买小孩子用的啊？”

孩子看着妈妈，说：“我也可以给妈妈做！”

周妈妈瞬间被孩子感动了……

在这个案例中，有一句关键的话，就是孩子的第二个需求："妈妈，再给我买一个小孩子专用的三明治机，好吗？"这句话我们叫它"刺激源"，正是受到这个刺激源的影响，不同的妈妈才有不同的想法和行为。

甲妈妈说那句话之前的想法是：你还小，现在给你买你也用不了，言外之意是你现在还不具备这个能力。这是对孩子能力的漠视。乙妈妈则更直接，认为孩子是得寸进尺，言外之意是你不该这样，所以才给予呵斥。这两个妈妈有一个共同的特点，就是把自己凌驾于孩子之上，而漠视孩子内心真正的想法。这种情况下，孩子心里肯定是不舒服的，生气或哭泣也就不足为怪了。周妈妈与这两位妈妈不同，没有把自己凌驾于孩子之上，而是以平等、尊重的态度，客观地用一句反问挖掘出孩子内心真实的想法。原来孩子要求妈妈给她买三明治机的目的是为了报答妈妈，这是一个多么纯真善良的孩子啊！

这三位妈妈对待孩子的行为背后都有其特定的想法和解释，而控制这种想法和解释的就是每个人的心理定位。甲乙两位妈妈认为孩子是"不好的"，所以才对孩子发出轻视和呵斥的信息；而智慧的周妈妈对孩子的"再一次请求"没有急于下"不好的"结论，而是站在客观的角度对孩子耐心地询问，并最终明白了孩子真实的想法。

第一节 心理定位

什么是心理定位？简单地说就是个体在遇到刺激源之后相应而启动的信念系统。这个信念系统决定了一个人的思维、情感以及之后的言行。埃瑞克·伯恩研究发现，一个人的心理定位形成于幼年时期。每个人在幼年的时候，受成长环境的影响，都会形成四种与别人交往的心理定位（或叫心理地位、生命地位），分别为：我好，你也好；我好，你不好；我不好，你好；我不好，你也不好。

这里的“好”是一个比较宽泛的褒义形容词，还可替换为“行、能、优秀、强大、漂亮、善良、谦虚”等词。本文开篇案例中受“刺激源”的影响，甲妈妈启动的心理定位是“我行，你不行”，乙妈妈启动的心理定位是“我好，你不好”，而周妈妈则不同，启动的是“我好，你也好”的心理定位。

值得注意的是，根据埃瑞克·伯恩的说法，心理定位可以看作是一个人“根深蒂固”的态度和信念。之所以用“根深蒂固”来形容，是因为它的形成可追溯到一个人小的时候（0～7岁），一个刚出生的“赤子”，在爸爸妈妈等养育者言传身教和孩子自身的理解力的双重作用下，久而久之，便形成了自己在为人处事方面的想法、解释和评价的模式，并逐渐固化下来。所以，一个人的家庭教育质量决定了他日后的工作和生活质量。

下面我们结合一个小案例对上述四种心理定位进行详细解析：奶奶在卧室看书，自己的小孙子在客厅独自玩耍，不小心打碎了一个水杯（刺激源）。奶奶据此启动了四种不同的心理定位并伴随着不同的表现。

定位一：我好，你也好

此种定位表现为自信、积极、快乐，能够用平等、尊重和理解的心态对待别人；形象是不卑不亢者、成功者；关系方面表现为人际和谐；归因为客观分析，结果是成为了赢家。

具体到这个案例，听到响声（刺激源），如果奶奶启动的是“我好，你也好”的心理定位，她就会关切地问道：“孩子，发生了什么事儿，你没事吧？”边说边走向客厅，到现场一探究竟，然后再根据情况进行处理。

定位二：我好，你不好

此种定位表现为自负（过于自信）、怀疑、指责，喜欢攻击别人；形象是高傲者、迫害者；关系方面表现为让人退避；归因为主观（归罪于外），结果是非赢家。

具体到这个案例，听到响声（刺激源），如果奶奶启动的是“我好，你不好”的心理定位，她就会斥责道：“小祖宗，你瞎折腾啥呢？！”还没等到现场，就已经归罪于孩子了。

定位三：我不好，你好

此种定位表现为自卑（不自信）、无助、沮丧、自责；形象是自卑者、受害者；关系方面表现为退缩回避；归因为主观（归罪于内），其结果也是非赢家。

具体到这个案例，听到响声（刺激源），如果奶奶启动的是“我不好，你好”的心理定位，她首先就会自责：“我真是没用，连个孩子都看不好！”这样的反应已经注定她没有办法来处理发生的事情了。

定位四：我不好，你也不好

此种定位的表现是对自己、他人和世界丧失信心，表现为放弃、失望、无力感；形象为消极者、输家；关系方面表现为孤立自己；在归因上是过于主观（既归罪于内又归罪于外），其结果是输家。

具体到这个案例，听到响声（刺激源），如果奶奶启动的是“我不好，你也不好”的心理定位，她就会大声地喊道：“小祖宗，你就折腾吧！反正我也管不了你啦，等你妈妈回来我告诉你妈妈，看你妈妈怎么收拾你！”双重否定的结果，就是既伤了自己，又伤了别人。

需要说明的是，这里的赢家，指清楚自己的目标并完成自己目标的人，并且其结果使世界更美好；这里的输家，指根本无法达成自己的目标且不断失败的人；这里的非赢家，指平庸者，生活和事业上都不愿意冒险、努力同时也不会坚持到最后，比上不足比下有余的人。

上述四种心理定位，从过程上来看，只有“我好，你也好”是基于客观分析来进行的；从结果上来看，只有“我好，你也好”是赢家，其他三个心理定位不是非赢家就是输家。从短期看，合理的心理定位会引起人们对事物的适当、适度的情绪和行为反应，不合理的心理定位往往会导致不适当的情绪和行为反应；从长期看，合理的心理定位会让一个人成功，而不合理的心理定位往往预示着一个人的失败。

心理定位影响着我们生活的质量、事业的成败，我们必须要重视它，并理解它、掌握它，最终为我们所用。那么，心理定位的启动模式是怎样的，与自我状态的关系如何，以及如何改善不良心理定位呢？

第二节 心理定位的启动模式

就像电灯有控制开关一样，心理定位也有它的控制开关。知晓了心理定位因何而启动，我们就能够有效控制心理定位了。

一、情绪ABC理论简介

说到心理定位的启动开关，我们就不能不提美国心理学家阿尔伯特·艾利斯创建的情绪ABC理论。

情绪ABC理论中的“ABC”是三个英文单词的缩写：A（Activatingevent）指诱发事件（人或事）；B（Belief）指个体在遇到诱发事件后产生的信念，即他对事件的看法、解释和评价；C（Consequence）是指特定情景下个体的情绪及言行的结果。如图4–1所示。

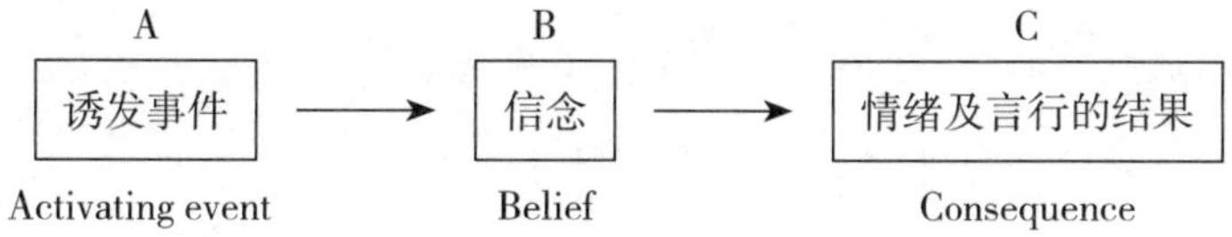

图4–1　情绪ABC理论模型

一般而言，我们会认为一个人的情绪及言行的结果C是由诱发事件A直接导致的，但是，同样一件事不同的人会有不同的情绪体验。比如同样面对领导的批评，有的人满心欢喜、干劲十足，有的人却情绪低落、忧心忡忡。为什么会这样？

情绪ABC理论的创始者艾利斯研究发现，在诱发事件A与情绪及言行的结果C之间还有对诱发事件A进行解释和评价的B在起作用。还以面对领导批评为例。有的人可能认为，领导批评是对自己好，在这样严格的领导手下工作会成长得很快；有的人可能觉得自己之前的说话或办事得罪了领导，这是找碴儿在报复自己。不同的想法就会导致不同的情绪和行为反应。为此，艾利斯宣称：人的情绪及言行的结果不是由某一诱发性事件直接引起的，而是由经历了这件事的人的解释和评价引起的。

二、情绪ABC理论的应用

我们来看下面的案例。

有个女孩叫小林（化名），是北川中学的学生，2008年汶川大地震造成了高位截瘫。

2009年4月程社明博士参加了在成都举办的职业生涯培训师训练班，培训结束后同事跟他说，上一年接受心理辅导的病人中一个叫小林的女孩因为地震受伤高位截瘫，躺在床上不能动，不能说话，精神状态不佳。

2009年10月，程社明博士见到了小林，他想做小林的亲人，要让她感受到亲人的关爱。当程社明博士征求她的意见做哪种亲人时，小林毫不犹豫用力地回答："爸爸！"那一刻，两人眼中都噙满泪水。七年以来，程社明博士每年都会抽出时间几次去探望她，在程社明博士的关怀下小林有了继续活下去的勇气并慢慢快乐起来。

曾有一段时间小林情绪特别不好，原因是她不喜欢同来探望她的人一起拍照，这让她觉得自己就像一个木偶、一个道具一样。程社明博士耐心地开导她，告诉她大家来探望她是希望她快乐，与她合影是因为大家把她作为榜样。小林终于明白人们为什么选择和她合影。思维改变，行为跟着改变，她现在很高兴和大家合影。

程社明博士就是运用了情绪ABC的认知理论改变了小林的行为。我们用情绪ABC理论来解析小林的思维和行为的前后变化：

探望者要求与其合影（这是诱发事件A），一开始她的解释与评价（B1）是合影的人把她当成了道具（没有价值的木偶），所以结果（C1）表现为不高兴，愤怒。

经过程社明博士开导后，她的解释与评价（B2）是大家把她当作榜样（激励别人的价值），所以结果（C2）才表现为高兴，欣然应允。

三、情绪ABC理论与心理定位的关系

情绪ABC理论与心理定位的关系是怎样的，从情绪ABC理论中，我们可以得出两点与心理定位相关的内容：

第一，人的情绪及行为反应与他对事物的看法、解释和评价有直接关系，而控制人们如何想、如何解释和如何评价的则是心理定位。你会明白一个道理，很多时候，某些人不会直接伤害你，伤害你的是你对某

些人的想法或看法。没有人能使你伤心或愤怒，你之所以伤心或愤怒，是因为你对他人所作所为启动了不同的心理定位，同时也没有人强迫你必须启动心理定位，完全是你自己所为。所以，一个人要对自己的感受及言行负责，有问题要寻求自身原因，而不要去怪罪他人。当我们理解了这个道理之后，就能跳出受害者的角色，做一个真正有担当的人。

第二，诱发事件虽然不是人的情绪及行为反应的直接原因，但它却是触发一个人心理定位的开关。诱发事件就是所说的刺激源。刺激源激活心理定位，一方面因人而异，另一方面与刺激源（诱发事件）的强度和性质有关，还要考虑环境因素。

由此，我们可以得出心理定位的启动模式：当外界的诱发事件（人或事）（刺激源）发生后，这种刺激信息会通过我们的感官（比如眼睛、耳朵等）进入大脑，于是一个人的心理定位相应而启动，随即产生了思维、情感，而思维、情感伴随着言行呈现于外，从而影响着人际沟通的互动质量以及人生的成败。

人的一切想法和言行均源自心理定位，心理定位因刺激源而启动。启动模式的发现，为我们控制自己的思维、观念、情绪和言行提供了可能，同时也为改善不良心理定位找到了方向和方法。

第三节
心理定位与自我状态的关系

受刺激源的影响，我们会启动相应的心理定位。需要思考的是，每一种心理定位启动后，我们处于哪一种自我状态呢？如果能够找到这个答案，那么我们手里又多了一把提升沟通质量的钥匙。

一、人的反应取决于心理定位

先来看一个案例：

周一早上，小李迟到，而上周五公司刚刚开会强调上班不许迟到。当事人是部门经理和迟到的员工小李。

作为部门经理对小李迟到这件事必须做出回应。怎么回应，这取决于他的心理定位。

如果小李迟到使部门经理进入“我好，你也好”的心理定位，他会这样反应：“你一直以来上班都很准时，今天是什么原因来晚了？”语气平和，态度端正，表情自然，无论从语言还是语气、语调、面部表情上都可以断定部门经理此时呈现的是成人自我状态。认为对方迟到是有原因的，表现出了客观的一面。

如果小李迟到使部门经理进入“我好，你不好”的心理定位，他会这样反应：“你怎么搞的，上周开会不是刚强调过吗？”皱着眉，让人害怕的眼神，质问的语调，这些信息表明，部门经理此时呈现的是控制型父母自我状态。认为对方是故意的，表现出了攻击的一面。

如果小李迟到使部门经理进入“我不好，你好”的心理定位，他会这样反应：“又有员工迟到了，哎！都怪我管理不善。”此时部门经理呈现的是适应型儿童自我状态，认为自己是无能的，表现出了自责的一面。

如果小李迟到使部门经理进入“我不好，你也不好”的心理定位，他会这样反应：“迟到了？我看你是故意的！好了，你爱去哪儿去哪儿吧，反正我也管不了你！”无论从语言还是语气、语调、面部表情上都可以断定部门经理呈现的是负面的儿童自我状态，既否定了对方也否定了自己（失望、放弃和无能为力）。

二、不同心理定位下的沟通结果

在不同心理定位作用下，我们会呈现出不同的自我状态，沟通结果自然就不同了。上面的案例从过程上看，员工迟到这件事是刺激源，或者称之为导火索，当部门经理启动了自己的心理定位后，我们可以猜想沟通会有什么结果。如表4-1所示。

表4-1　不同心理定位作用下的沟通结果

心理定位	PAC人格结构（通常）	思维、情感和言行	沟通结果
我好，你也好	成人自我状态（A）	你一直以来上班都很准时，今天是什么原因来晚了	顺畅沟通，会得到想要的结果
我好，你不好	控制型父母自我状态（CP）	你怎么迟到了	对方因你的指责，或逃避或欺骗或冲突，你得不到想要的结果
我不好，你好	适应型儿童自我状态（AC）	又有员工迟到，哎！都怪我管理不善	不面对问题而是自责，这种“责任偏离”的做法得不到想要的沟通结果
我不好，你也不好	控制型父母自我状态（CP）或适应型儿童自我状态（AC）	迟到了！我看你是故意的！好了，你爱去哪儿去哪儿吧，反正我也管不了你	否定了别人也否定了自己，双输的处理方式更无法得到想要的结果

俗语讲“风在雨前头”，我们在每一次的沟通中的“说什么”和“怎么说”都有一个前提，那就是先定位再表达。两个人沟通，就是两个人彼此使用自我状态在沟通，而一个人呈现出哪种自我状态又受到心理定位的影响。所以，理解和掌握了心理定位，也就意味着我们占领了沟通的制高点，能让我们在源头上把握沟通的质量。

第四节
改善不良心理定位的方法

谁都希望有好的人生，谁都希望遇事总能启动那个最适合当下的心理定位，但受刺激源的影响，加之成长环境的不同，以及环境因素的制约，往往会体现出不良的心理定位，这会让事态变得更加糟糕。长此以往，会让我们本该光明的人生变得暗淡无光。

那么，有没有改善不良心理定位的方法呢？埃瑞克·伯恩和哈里斯认为，心理定位由人的早年生活决定，但却可以随着我们的发展和成长而改变。也就是说不良的心理定位是可以改变的。

TA理论有三大哲学理念：第一，人都是好的；第二，每个人都有思考能力；第三，人决定自己的命运，而所做的决定是可以改变的。依据埃瑞克·伯恩TA理论中的三大哲学理念，有四种改变不良心理定位的方法。

方法一：人都是好的

我们从两个角度来理解这句话：

第一个角度，这里的“好”指的是人的本质而不是行为。“有时候我可能不喜欢或不能接受你的所作所为，但无论如何我都接受你身为人的本质是好的。”一个员工迟到，作为领导不能全面否定他，而应该一分为二地看待这个问题：这个员工的工作能力和工作态度是好的，但迟到这个行为是不好的。这样客观公正地看待问题，让员工有了改变的可能。

第二个角度，来自英国的TA理论研究专家Anita Mountain女士曾说过这样一句话："TA最吸引我的是心理定位中的'我好，你也好'的定义，这里的'好'是基于事实的，客观的，由内而外体现出来的。这一点解决不了，你是不可能让自己和别人改变的。"这句话的意思是说，"我好，你也好"的心理定位中的"好"，是发自内心的而不仅仅来自口头上的表达。二者很好区分，我们通过一个人的自我状态就可以判断出来。

"人都是好的"，理解并付诸实践的好处在于，可以保证我们首先启动"我好，你也好"的心理定位来探究事实。即使不是事实，也可以运用成人自我状态的思考力来帮助我们处理事情。

如何做到这一点？遇到问题我们可以使用"太极思维"，即不主动攻击对手，讲究"用意不用力"，其中的"意"指的是善，而"力"指的是不善。受此启发，我们在与人相处时，一定要依当下环境来做客观分析，不能先入为主地为对方扣个"你不好"的帽子，这样一来，我们就排除了最能够帮助我们解决当下问题的"我好，你也好"的心理定位。

方法二：为人处事要三思而后行

"三思而后行"是依据第二条理念"每个人都有思考能力"得来的。埃瑞克·伯恩在提醒我们，为人处事要首先启动"我好，你也好"的心理定位。

三思而后行是一种能力，我们叫它思考力。说到思考力，我们首先想到的是成人自我状态，其次还会想到"思维"这个词。那么当一个人处于成人自我状态时，他的思维是什么样子的呢？

一个人的思维方式有三种：有害思维、有效思维与无效思维。有害思维的实质是主观地否定，无效思维的实质是主观地怀疑，有效思维的实质是客观地分析。为了便于理解，我们举例说明。比如：你犯了一个错误，领导批评了你几句，你会怎么想？

有害思维想的是：或者“我真的很笨，这点事也做不来，我不适合这个工作”，这是否定自己；或者“领导就跟我过不去”，这是否定他人。

无效思维想的是：“我是不是不适合做这份工作啊？”这是在怀疑自己。

有效思维想的是：“错误原因出在哪里？用什么方法来解决？怎么样做才能保证以后不犯同样的错误？”这是在进行客观分析。

有人说：“一个人的成功，与有效思维出现的频率和持续的时间成正比。”现实中我们也发现，很多人成功就在于成功地运用了有效思维，而很多人失败，其失败的关键点也在有害思维和无效思维上。

了解了思维，我们会发现：当一个人呈现成人自我状态时，他的思维通常是有效思维。下面我们把心理定位、思维方式和自我状态三者结合在一起，用一个案例做一系统解释。

某小区是没有物业管理的，每天上午小区内都会响起此起彼伏的小贩（卖东西的、收废品的等）的叫卖声，对此你有什么样的反应？

第一种：很烦，恨不得骂人。这是启动了“我好，你不好”的心理定位，呈现的是负面的控制型父母自我状态，使用的是有害思维。

第二种：“我真没用，抗干扰能力真差！连小商小贩的叫卖声都能影响到自己。”这是启动了“我不好，你好”的心理定位，呈现的是负面的适应型儿童自我状态，使用的是无效思维。

第三种：“这简直是噪音！这个破小区啊，也没人管管！我真的受够了！怪就怪自己无能，没钱换房子。”这是启动了“我不好，你也不好”的心理定位，呈现的是负面的适应型儿童自我状态，运用的是有害思维。

第四种：“挺有趣的，各种方言轮番上阵。这些人生活也挺不容易的，与之相比自己是多么幸福啊！上门服务挺好的，要不自己还得跑腿。”这是启动了“我好，你也好”的心理定位，呈现的是成人自我状态，运用的是有效思维。

通过分析，我们掌握了三者的内在联系，那么我们在行事前，一定要率先启动“我好，你也好”的心理定位，保持在成人自我状态里，用有效思维进行思考、分析和判断，这样会使结果更加科学合理。

方法三：在事情真相没有明了之前，告诫自己不要随意揣测

这个方法是受第一条理念“人都是好的”启发而得来的。有好多事情并不是我们想象的样子，贸然地用自己的主观意识采取先入为主的方式盖棺定论，很多时候是欠妥的，很容易发生“以小人之心度君子之腹”这样的误判！所以，在事情的真相还没有明了之前，千万不要随意揣测。

每个人立场不同，心理环境不同，你很难真正懂得别人的内心感受和想法，所以倾听、理解、包容、换位思考就显得尤为重要了。

我们来看一个案例：

有一位名叫杜萱的职员，她曾就读某传媒大学，毕业后进入了一家著名的广告公司。刚进公司不久，有一次差点因为一点小事离开那家公司。事情的经过是这样的。

因公司业务繁忙，老总要杜萱为他写一份活动的演讲稿，稿子很快写好了，可怎么也不能让老总满意。她硬着头皮改了四五次，可老总还是不满意，最后老总竟然说她不是搞文字的材料。

委屈的杜萱想到了跳槽，她认为这是老总有意为难她，自己怎么碰到这么个挑剔的老板呢？真是命苦啊！一连几天，杜萱都陷入这种纠结的情绪中不能自拔。（此时，她处于“我不好，老总也不好”的心理定位，所以她的“认定”是主观意识，而不是事实，且想通过跳槽一走

了之。）

当然，老总的发言稿也没再让她写，而是让比她早两年到公司，跟她毕业于同一所学校的师姐代劳了。对此，杜萱很不高兴。一方面觉得老总是有意针对她，另一方面又觉得师姐代劳伤了她的自尊。（老总以结果为导向的做法并没有错，但是让杜萱深陷这个错误的心理定位不能自拔。此时，杜萱仍处于“我好，老总不好”的心理定位。）

于是，杜萱找到她的好友述说她的“不幸”。听完她的描述，好友开导她：“工作上的困难谁都遇到过，遇到了困难谁都不会高兴，关键是你自己怎么看待这个困难。没有一个老总会无缘无故地为难一个员工的。你可以换一个角度来想，这件事对你来说难道不是一个磨炼的好机会吗？为何不虚心地跟你的师姐好好学习一下呢？如果你能这样做，这或许是一件好事。”她听从了好友的意见。（此时，好友处于“我好，你也好”的心理定位，没有批评她，也没有看低她，并且引导她回归“我好，你也好”的心理定位上来。）

几天后，她“协助”师姐完成了演讲稿，老总很满意。当师姐说也有杜萱的功劳时，老总转而对她说：“杜萱，我知道你是有潜力的，否则公司也不会招你进来，不要因一次的挫折就放弃成长。努力工作，多向你师姐学习，公司还有更艰巨的任务在等着你呢！”听了老总这样的肯定，她顿时又觉得老板是个不错的领导。

我们看到杜萱的心理定位改变了，认知改变了，于是心情改变了，结果也就改变了。

这个案例给我们的启发是：因别人而使你产生了不舒服的感觉时，不妨按照下列步骤来做：第一步，不要随意揣测。第二步，启动“我好，你也好”的心理定位，运用自己的成人自我状态来帮助你进行客观分析。第三步，人们经常习惯于见到表面的东西就爱下结论，殊不知有很多事情的表象和本质是不同的。所以在事情真相没有明了之前，告诫自己不要急于揣测。我们不能仅仅依靠眼睛看或耳朵听，还要加上大脑的思考和判断。只有这样，才能保证真实的结果呈现。

方法四：发现自己定位错了，也可以主动修正

依据第三条“人决定自己的命运，而所做的决定是可以改变的”的理念，你会发现在生活和工作中，我们经常面临着心理定位的问题，谁也保证不了每次定位都正确。但知晓事实真相之后，如果发现自己的心理定位错了，是可以通过事后改变来达到和解的目的。在TA理论中，这样的做法被称之为“再决定”。

下面这个案例是一位培训师孙先生经历过的：

2016年孙先生受邀到江西讲课，在第二天早上，正在房间准备出门吃早餐，这时接到了主办方C老师的电话。

C老师：“孙老师，我已通知学员8点50分培训开始，现在我们都在餐厅。”

孙先生：“谢谢，我马上过去，放心吧，我不会迟到的。”

见面后，C老师主动上前，向孙先生解释：“孙老师，很抱歉！是这样的，刚才我不是有意催您，我知道孙老师的时间观念比我强。因为是自助餐，第一个我担心凉，第二个我是担心好吃的都被吃没了，所以才电话通知您！”

听他这么一说，孙先生才意识到自己刚才电话中那句“放心吧，我不会迟到的”有问题，于是立即向对方表达了歉意。

这个案例给我们的启示是，人与人之间追求的是一种和谐，不能因一次的误解、矛盾、冲突等行为就老死不相往来，向对方承认错误并通过道歉等方式是可以避免关系进一步恶化的。很多人之所以不这样做，

往往是因为“面子”问题，或者说缺乏道歉的勇气。

第五节
心理定位的两个注意事项

心理定位形成于一个人的幼年时期，随着年龄的增长逐渐趋于稳定。在这个过程中，有两个心理学效应对它影响最大。所以若想改变不良心理定位，就要从这两个心理学效应入手。

一、不能以貌取人，避免进入“首因效应”的误区

用“以貌取人”来解释首因效应再恰当不过了。第一次交往给对方留下的印象会在对方的头脑中占据主导地位，这就是心理学上的首因效应。这种效应会对我们的心理定位和接下来的行为产生重要的影响。

《三国演义》中有两位著名的谋士，一个是被称为“卧龙”的诸葛亮，另一个是被称为“凤雏”的庞统，当时的人说“得其一者可得天下”。其中的庞统初出山时准备效力东吴，于是，在鲁肃的引见下面见了孙权。孙权见庞统相貌丑陋，心中先有几分不喜，又见他傲慢不羁，更觉不快。最后，这位喜纳人才的孙仲谋竟把与诸葛亮齐名的庞统拒于门外，尽管鲁肃苦言相劝，仍不为所动。

这是发生在古代一个典型的“以貌取人”的案例，现在仍有很多以貌取人的例子。比如马云，当年寻找投资的时候也差点吃亏在长相上，若不是当年日本软银总裁孙正义的慧眼识珠，恐怕就没有今日天马行空、呼风唤雨的马云了。

相貌与才华并无必然联系，但受首因效应的影响，人们往往会上当受骗。试想，孙权若不受之影响，收下庞统做为谋士，也许三国争霸就不是这个结局了。软银的孙正义若以貌取人的话，也就没有今日的马云了。所以，我们要避免走入首因效应的误区。

在工作和生活中，我们经常会与一些素不相识的人打交道，比如招聘、面试、与陌生的客户面谈、与陌生的供应商谈判、处理客户投诉、被调到异地公司工作或到异地开拓市场等等。虽然我们无法避开首因效应的影响，但若能记取孙权之于庞统，孙正义之于马云的经典案例，定会对我们的工作、生活有所帮助。

如果因首因效应的影响而错误地启动自己的心理定位，那样带来的损失有时是不可估量的。为此，建议有二：一是要认识到首因效应的存在，认清它“以貌取人”不可取的一面；二是与人交往（面临判断、猜测和评价时）特别是初次交往时最好首先启动“我好，你也好”的心理定位与对方交流和相处。“路遥知马力，日久见人心”，时间久了，一人、一事如何终会有定论的。

二、不能以偏概全，避免踏入刻板印象的陷阱

刻板印象与首因效应是不同的。如果说首因效应称之为“以貌取人”的话，那刻板印象则可称之为“以偏概全”。它专指人们对于某些特定类型的人、事或物的一种带有偏见的看法。它与首因效应一样，会对心理定位产生影响。

总结起来，常见的刻板印象有以下六种：

一是性别方面的刻板印象。例如“东北的女人都喜欢抽烟”“日本的家庭都是男主外，女主内”“男孩子都贪玩”“女孩子都娇气”等等，这都属于性别方面的刻板印象。

二是地区方面的刻板印象。例如“东北人都很豪爽”“山东人都老

实厚道”或是“所有的四川人都特别能吃辣椒”等。

三是外表方面的刻板印象。例如“胖子都耐冷不耐热”“爱思考的人头发都少”“喝酒脸红的人好交往”等。

四是兴趣爱好方面的刻板印象。比如，“宅男一族是不修边幅、与社会脱节、不擅长与人沟通的一群人”“喜欢看动画片的大学生都很幼稚”等等，就是对拥有个别兴趣的人的刻板印象。事实上，即使拥有共同兴趣这些人的性格也都是不同的，不能一概而论。

五是年龄方面的刻板印象。比如，“‘90后’这帮孩子都太任性”“60年代的人都因循守旧”等都是属于年龄方面的刻板印象。

六是身份或社会地位方面的刻板印象。如“大老板都是很有风度的人”“有钱人都小气等。

从TA理论上来讲，刻板印象是一个人自我状态“病理性”的表现，是父母自我状态“污染”了成人自我状态所致。当人们处于这种状态时，很容易把对某类人或事的感性认识视为评价，进而影响正确的判断，形成偏见。

避免刻板印象的具体方法有两个：第一，根据上述所列之内容，要对那些常见的刻板印象内容有敏感性。敏感就是觉察，而觉察是避免刻板印象的前提。第二，在觉察到刻板印象之后，要遵循“耳听为虚，眼见为实”的原则来处理。

我们发现心理定位对于我们的人生意义重大，对此埃瑞克·伯恩写道：“每一个心理游戏、人生脚本以及人的命运，都是建立在这四种心理定位的其中之一上。”这让我们明白：为什么有人总是自卑，有人总是盛气凌人，有人总能够客观地看待他人他事；什么样的人注定是个失败者，什么样的人注定能够成功，什么样的人总是离成功就差一步。这一切都是一个人心理定位作用的结果。

第五章

发展关系

人际关系需要安抚

点睛之语

你如何对待别人，别人就会如何对待你。

人际关系对沟通有重要的影响。中国人历来讲究人际关系，如果两个人关系好，嬉笑怒骂间都能完成一次沟通，可谓高效；相反，如果两个人关系不好，无论双方怎样表达尊重，都无法在沟通中达成一致。

人际关系为什么对沟通有如此大的影响？从沟通三角模型中不难看出，人际关系属于沟通的环境因素，它对沟通双方自我状态的体现起着制约作用，当然会影响最终的沟通效果，所以建立和发展良好的人际关系对我们的沟通非常重要。

如何建立和发展人际关系，埃瑞克·伯恩在TA理论中为我们贡献了一个非常重要的概念——安抚。安抚之于人际关系的重要性，首都经济贸易大学心理学教授杨眉女士，在她和托马斯·欧嘉瑞博士合著的《人际沟通分析学》一书中做了形象的描述，她说："安抚是人际关系的维生素。"维生素是维持人体生命活动必需的一类有机物质，也是保持人体健康的重要活性物质，维生素在体内的含量很少，但不可或缺；而安抚比维生素还要重要，它不但影响到人的身体健康还影响着人的心理健康。本书的重点是安抚之于心理健康的重要性，以及它在人际关系上的妙用。

第一节
什么是安抚

一、埃瑞克·伯恩对安抚的定义

埃瑞克·伯恩对于安抚是这样定义的：安抚是对别人存在表示认可的行为。那么哪些行为属于对别人存在表示认可的呢？比如微笑、握手、拥抱、赞扬、鼓励、认可和支持等行为。有认可的行为就有不认可的行为存在。那么哪些属于对别人存在表示不认可的行为呢？比如批评、指责、抱怨、恐吓、置之不理等行为。

事实上，无论认可的行为还是不认可的行为都属于安抚，这些行为广泛存在于我们日常工作和生活之中，在人际交往中随处可见。

二、安抚与自我状态的关系

安抚与自我状态有什么关系呢？安抚是对别人存在表示认可或不认可的行为。无论是表示认可的行为还是表示不认可的行为，你会发现，这些行为都是一个人处于某种自我状态下的外在表达，且通过沟通进行交换。我们来看下面的对话：

某呼叫中心（沟通环境）。

客服经理："小王，你刚才对客户的投诉，处理得非常好。"

小王："谢谢领导的夸奖，这都是您平时教导有方。"

上述对话中，因为对客户的投诉处理得当，所以客服经理表扬了客服小王，这是对她工作的认可；而小王针对经理的表扬用感谢进行了回应，感谢有两层含义：一是针对表扬，二是对经理教导有方的认可。无论表扬还是感谢，都属于安抚，且通过一次对话（互补沟通）完成了交换；而上下级的关系也通过这次安抚的交换得到了巩固和提高。

还是同样的场景。我们假设这个客服经理不是一个善于肯定下属的人，而是一个吹毛求疵的人，那结果会怎样呢?

客服经理："小王，你刚才对客户的投诉我都听见了，虽然结果不错，但过程中还是有些瑕疵的。"

小王："哦，是吗！以后我会注意的。"

这次对话，从结果上看，小王对客户的投诉处理95%以上还是值得肯定的，但客服经理却没有这么做，反而把关注点放到了那5%的瑕疵问题上。这样的表达给小王的感觉不是肯定，倒像是批评，所以小王显得很不高兴。虽未用词语表达出来，但是从语气和语调中还是能听出来的。对话中的批评和不满，都是安抚，通过双方的一句对话（隐匿沟通）完成了交换。不难看出，上下级的关系通过这次安抚的交换蒙上了一层阴影，如果经理一直这样沟通下去，他与下级的关系可想而知。

总之，安抚的交换决定了人际关系的好坏（属沟通环境），又影响着每个人的自我状态，而自我状态之间的交互作用便是沟通。

第二节
使用安抚的技巧

关于如何使用安抚，我们不妨先从下面的三个案例说起。

我们先看第一个案例。

如果是一位妈妈，当孩子哭的时候，通常她会有什么样的反应？

第一种反应："宝宝乖，咱们不哭了！"这是安慰。

第二种反应："快别哭了，再哭大灰狼来了！"这是恐吓。

第三种反应："闭嘴！有什么好哭的！"这叫斥责。

第四种反应：啪！给孩子一个嘴巴，紧接着说"我让你哭，给我憋回去！"这叫攻击。

第五种反应：不恐吓、不斥责、不攻击、不焦躁，而是给孩子一个拥抱，做一个陪伴者，听他哭，等孩子哭完了，了解原因后酌情帮助。

请问：你认同哪种反应，不认同哪种反应？

据抽样调查发现，家长们都会选择认同第一种和第五种反应，而不会选择第二种、第三种和第四种反应。当提醒大家思考——在实际生活中，你的选择和此刻的选择会是一致的吗？大家都选择了沉默。

家长的想法是："有啥事你就说呗，干嘛哭啊！别哭了！有话好好说！"但不同的家长会使用不同的行为来达成这样的结果。家长们采用的不同方式，比如安慰、拥抱、陪伴、倾听、帮助、恐吓、斥责、攻击等行为，在TA理论上统称为"安抚"；不同性质的安抚行为会对孩子的成长产生不同的影响。

我们再来看第二个案例。

当年，陶行知在育才学校做校长的时候，有一天陶先生看到一位男生手握砖头要打另一位男同学，便将其制止并叫他到校长办公室去。当陶校长回到办公室时，男孩已经等在那里了。陶行知掏出一颗糖给这位同学说："这是奖励你的，因为你比我先到办公室。"接着他又掏出一颗糖，说："这也是给你的，我不让你打同学，你立即住手了，说明你尊重我。"男孩将信将疑地接过第二颗糖，陶先生又说道："据我了解，你打同学是因为他欺负女生，这说明你很有正义感，我再奖励你一颗糖。"这时，男孩感动得哭了，说："校长，我错了，同学再不对，我也不能采取这种方式。"陶先生又掏出一颗糖说："你已认错了，我再奖励你一颗，我的糖发完了，我们的谈话也结束了。"

在TA理论中，表扬和批评同属于安抚，二者的差别在于，前者是正面安抚而后者属于负面安抚。按照惯常的思维，打了人，理应受到批评，但陶先生却反其道而行之，在沟通中没有使用一次负面安抚，就轻而易举地攻破了学生的防备心理，圆满地达到了教育的目的。这样的处理让我们见识了陶先生高超的沟通技巧。

最后来看第三个案例。

微信群中转发了这样一则微信：今天在广场看到一名负责卫生清扫的阿姨边清扫边哭，问及原因，她说昨晚一直工作到深夜，明明打扫得很干净，可是今天早上领导巡查时却看到了很多垃圾，当场说要扣她工资……

看到这个案例时你有何感想？不同的人用不同的视角来看，自然会有不同的想法和感受。这里我们不谈"感到气愤"，也不谈"报以同情"，让我们谈谈过程中有关"安抚"的使用技巧问题。

作为旁观者，我们清楚地看到，案例中的领导早上巡查的时候看到了垃圾，于是不问青红皂白就擅自扣罚了这位环卫工人的工资。很显然，这位“领导”的管理行为是欠妥的，此举不但是对环卫工人昨晚辛苦付出的漠视，而且还会挫伤一名下属的工作积极性。从TA理论的角度来看，他错误地对员工施予了安抚却浑然不知。

同样的场景，我们换一个镜头：案例中的领导依然早晨巡查，看到满地的垃圾后，把负责这个区域的环卫工人叫到了现场并了解原因。经了解得知，原来昨晚在环卫工人打扫干净后，午夜时分又有一帮小青年在此吃烧烤，才又有了满地的垃圾。知道了真实情况后，领导没有批评这位环卫工人，只是要求她快速把这些垃圾处理完毕。

显然，后面这位领导处理得比较得当，他没有因表象（早晨满地垃圾）而贸然批评和责罚这名环卫工人，而是先来了解实情，然后实施正确的管理行为——正面安抚。

通过这三个案例，我们发现安抚的使用是有技巧的，不能随意使用。那么怎样正确使用安抚呢？应遵循四个原则：熟悉种类，应知应会；依照原则，分门别类；知己知彼，难能可贵；审时度势，方得智慧。

一、熟悉种类，应知应会

熟悉是正确使用的前提。最基本的要求是对安抚的种类做到应知应会，这样就能在源头上保证不出差错。那么安抚的种类都有哪些呢？

从接收者感受性的角度，安抚可分为三种：一是正面安抚。它是让接受者产生愉快感觉的一类行为，比如微笑、赞扬、鼓励、认可、支持和成就他人等行为。二是负面安抚。它是让接受者产生不舒服感觉的一类行为，比如批评、指责、抱怨、恐吓等行为。三是零安抚。这是一种特殊的安抚行为，既不给予正面安抚也不给予负面安抚，而是刻意冷落对方，这种行为通常会带给接受者不安、迷茫、信心受挫、郁闷、自责和焦虑等心理感受，严重的则会带来心理伤害。

从评价的目标属性的角度，安抚可分为两种：一是有条件的安抚，通常用来对一个人所做的事或某种表现给予认可与评价，比如“这件事你做得真漂亮！”二是无条件的安抚，通常用来对一个人本身的认可与评价，比如“你真漂亮！”

从安抚自身的特点，可分为两种：一是语言的安抚，比如表扬、赞美、鼓励或批评、破口大骂、恶语相加等语言行为。二是非语言的安抚，比如点头、微笑、握手、拥抱、接吻或皱眉、瞪眼、怒目而视、动手打人等非语言行为。

安抚的种类很多，但核心的安抚只有三种，即正面安抚、负面安抚和零安抚，任何形式的安抚都离不开这三个核心的种类。比如下面的例子：

主管：“小王，你刚才对客户的投诉，处理得非常好。”（口语式的有条件的正面安抚）

小王：“谢谢领导的夸奖，这都是您平时教导有方。”（口语式的有条件的正面安抚）

妻子：“你这样对我，我恨死你了！”（口语式的有条件的负面安抚）

丈夫：陪着笑脸给了妻子一个拥抱。（非口语式的正面安抚）

二、依照原则，分门别类

根据安抚的定义以及与自我状态的关系，我们总结出三条使用原则：

第一，使用正面安抚，遵循“无私给爱”的原则。

“无私给爱”，其中的“无私”指的是不求回报，“爱”是指正面安抚。不求回报的正面安抚才能真正地让对方有愉快的感觉，才能真正地给对方带来帮助，才是对方乐于接受的。在实际的生活中，你会发现这种不求回报的正面安抚通常体现在父母对子女的身上，但不只如此，朋友之间、同事之间、上下级之间甚至陌生人之间，不求回报的正面安抚都是可以体现的。事实上，一个关心、尊重他人并无私给“爱”的人，一定具有高尚的情操和磊落的胸怀。当你用“爱”给对方带来温暖的时候，对方通常也会回馈给你以温暖和“爱”。

美国生命伦理学教授史蒂芬·波斯特和小说家吉尔·奈马克从现代科学和医学角度出发，对人的种种善行在“付出”与“回报”之间究竟能产生什么样的关系进行了深度研究。他们制定了一个详细测量表，并长期追踪一些乐于付出的人，并分门别类地对每一种“付出”带来的“回报”进行物理统计和生理分析，他们发现：“宅心仁厚、乐善好施”的人，他们的善行确实对自身心理和身体产生了巨大而深远的影响，哪怕是对别人一个会心的微笑，传递一个友好幽默的表情，都会引起唾液中免疫球蛋白浓度增加，其自身的社会能力、判断能力、正面情绪以及心态等都得到了提升。同时，他们也得出了一个令人惊讶的结论：付出与回报之间存在着神奇的能量转换秘密，即一个人在付出的同时，回报的能量正通过各种形式向此人返还，只不过在大多数情况下，自己浑然不知。不求回报，反而会得到回报，这也许就是上天对无私给“爱”者的奖赏吧。

荀子的《劝学篇》有云：“不积跬步，无以至千里；不积小流，无以成江海。”只要大家都能从小事做起，主动地无私给“爱”，我们的生活和工作定将和谐美好。

第二，使用负面安抚，遵循“谨慎对待”的原则。

古人云：“良言一句三冬暖，恶语伤人六月寒。”可见“恶语”对人际关系具有多么大的杀伤力和破坏力，而“恶语”恰恰属于负面安抚。所以我们在使用安抚时一定要牢记“谨慎对待”的原则”。我们来看一个研究结果。

据德国心理学信息网站报道，一个由中德两国的经济心理学家组成的研究小组，对企业中的中国和德国籍员工进行的心理测试显示，中国员工和德国员工面对上司的批评反应迥然不同。中国员工对批评非常敏感，一旦被批评就会有消极作用；而德国员工面对批评情绪不会过分起伏。最后专家得出结论，外在的精神作用在不同的文化中表现不同。在崇尚和谐的中国文化中，批评被看作是丢面子的事情，这就导致了中国员工对批评反应敏感；在崇尚个性的西方文化中，德国员工从小就经常面对公开的批评，当然也会听到表扬，所以他们已经习惯了与批评打交道，即使批评也不容易导致德国员工的沮丧和压抑情绪。

通过这个研究小组得出的结论，再加上我们自己的观察和体验，不难发现：我们身边的人不仅是对批评（负面安抚的一种）敏感，对其他的负面安抚，比如指责、抱怨、恐吓等也同样非常敏感。既然人们对负面安抚这样敏感，我们在对别人施予负面安抚的时候，就要小心谨慎，否则人际间就会出现隔阂、误解、矛盾甚至冲突等情况。

受传统文化影响，小孩子在被长辈打骂或批评之后，常会听到这样的教导：“打是亲，骂是爱，这都是为你好。”“打”和“骂”明明是负面安抚，但被赋予了“亲”和“爱”的含义之后，就让负面安抚堂而皇之地成为了正当行为。时过境迁，上级或长辈在使用负面安抚的时候，不能以“为你好”的理由而忽略了由此给对方造成的伤害。

第三，使用零安抚，遵循“易造成伤害”的原则。

在企业里，领导对员工最严厉的惩罚手段是什么？不是批评，不是罚款，也不是打骂，而是对其施予零安抚。

工作中最常见的零安抚就是通常称之为“冷暴力”的行为。所谓的工作中的冷暴力是指一方使用非暴力（一开始使用负面安抚，到最后使用零安抚）的方式刺激另一方，致使其心理受到伤害的行为。

工作中的“冷暴力”一般表现为两种情形：

一种是上级对下级“施暴”。下级一不小心得罪了心如针尖的领导，最后往往得到的是报复。部门里有什么难做的脏活累活全分配给你，却得不到任何表扬；你把别人做不了的工作做好了，功劳也不算在你的头上；本该是你负责的工作，领导却安排其他人去做，把你“晾”得压抑而沉闷，甚至连一眼都不愿意看你。最后，弄得你身心俱疲，不得不主动认错或是选择离开。

一种是同事间“施暴”。同事间免不了人际关系，因你不屑参与其中，始终身单影孤；或是因你某一次的不当举动或误解，而把你列入“孤立名单”。

无论上述哪种情形都会给企业和员工带来危害。对于员工来说，会使其产生心理不适，进而导致一些生理上的不适症状，严重的会导致员工辞职甚至心理或身体疾病；对于企业来讲，本来是一名技术很棒的员工，却发挥不出最大的能力，从而导致生产效率降低。

企业中的零安抚通常会伤及对方的心理层面，所以在使用前一定要谨记“易造成伤害”的原则。同时也提醒施暴者，害人害己，“易造成伤害”可不仅指向对方还会指向你自己。

三、知彼知己，难能可贵

知彼是指你要尽可能地了解对方的安抚风格，因为不同的人需要不同的安抚：有的人喜欢夸奖他的外貌和穿着，有的人喜欢称赞他所做的事；有的人可以接受拥抱，但有的人却只能接受握手；有的人什么程度的批评都能接受，而有的人连别人善意的玩笑都接受不了。

安抚是一对一或一对多的交流，仅仅了解他人的安抚风格还不够，还要知己。知己是指你要了解自己的安抚风格。方法就是对照安抚分类，按照使用的频率，回想一下自己平时习惯使用什么样的安抚。

知彼知己，才能保证你使用的安抚是对方所需要的。

四、审时度势，方得智慧

前面进述过环境对于沟通的重要性。任何一种沟通其实都是安抚的交换，所以环境对于安抚同样重要。能够把握安抚技巧的人总是能在合适的时间、合适的地点施予对方需要的安抚。

需要提醒大家的是，在一定的环境下，这三种安抚没有绝对的好与坏之分。正面安抚使用不当，会让人感觉做作、不真诚；负面安抚使用得当，则促使一个人反省，世事洞明；对于零安抚我们也不能完全否定其作用，恰当地把握度的零安抚，也会起到激励作用。关键在于你能否审时度势地恰当运用。

第三节 使用安抚的注意事项

安抚的使用除了技巧和原则之外，还有一些注意事项需要大家关注。

一、使用正面安抚时的注意事项

使用正面安抚时要注意以下四点：

一是态度要真诚。态度不真诚，容易让人误解为虚假，弄不好还会被扣以“刻意恭维、拍马屁”的帽子。埃瑞克·伯恩总结出一种被称为“做作的安抚”的类型，就是一种典型的让人感觉不真诚的正面安抚。

比如“领导，你今天的演讲太感人了，感动得我泪流满面！”

二是内容应具体。不具体的安抚就是假大空的安抚，对方感受不深，起不到激励作用。比如，“你今天的表现真棒！”就不如说，“你今天对那个难缠客户投诉处理的说话方式真棒！”

三是虎头别蛇尾。埃瑞克·伯恩还总结出一种安抚叫作“冒充的正面安抚”，这种安抚一开始让人感觉是正面安抚，可结尾的时候却变了味，让人哭笑不得。比如：“老师，您的课讲得太好了，五年前我就知道您的大名，听了您的课让我少走了很多弯路。对了，老师，您贵姓？”

四是巧妙运用间接的方式，即在乙不在场的情况下，在甲面前给乙正面安抚。受传统文化“谦逊”的熏陶和教育，人们总是对当面施予和接受正面安抚有“不自在”的感觉，基于此心理，我们要学会以间接的方式给别人以正面安抚，当对方间接听到后，通常会认为你是真诚的、发自内心的。比如《红楼梦》中有这样一幕：史湘云和薛宝钗都劝贾宝玉入仕为官，贾宝玉对此十分厌烦，对着史湘云和袭人赞美林黛玉说：“林姑娘从来没有说过这些混账话！要是她说这些混账话，我早和她生分了。”凑巧这时黛玉来到窗外，无意中听见贾宝玉说自己的好话，“不觉又惊又喜，又悲又叹”。结果宝黛二人互诉肺腑，感情大增。

二、使用负面安抚时的注意事项

使用负面安抚时要注意以下五点：

一是发现问题要冷静判断，客观分析。通常情况下，我们使用负面安抚都是因“刺激源”引起的。比如一个下属因为犯了一个不应该犯的错误，你批评了他。这个案例中的刺激源就是“在你看来，他犯了一个不应该犯的错误”，所以你才对他使用了负面安抚（批评）。但是，任何事情都是有原因的，原因有主观的和客观的，在使用负面安抚前，应该理性、客观地先了解事情的前因后果，等知道了事情真相后再使用负面安抚也不迟。

二是负面安抚宜直接不宜间接，间接方式危害多。对于负面安抚，能直接施予的就直接施予，只要掌握好分寸和场合。千万不要在背后表达。实践证明，“背地里话别人坏话”的危害性太大了。

三是批评摆事实，处理再问责。当下属做错事，你若批评，请遵守“以事论事以及先处理事情再追究谁来担责”的原则。

四是当众表扬，私下批评。中国人都有“好面子”的心理，当众表扬，是让其面子有光；私下里只有你和他，是基于不丢对方面子的考虑，对方反而更容易接受你的批评。

五是批评时最好采用“三明治”法。这是一种比较高明的永远不过时的批评别人的方法。它是对某个人先表扬，再批评，接着给予期望的一种批评方式。比如你部门的员工迟到了，作为部门经理按照下面这样的方式来表达会比直接批评要好些。第一句：“你之前上班都很准时。”（表扬）第二句：“今天为何迟到了15分钟？”（批评）第三句：“你是一个各方面表现都很优秀的员工，我相信你会一如既往地严格要求自己。”（期望）这则内容很好地诠释了“三明治”批评法。三句话既肯定了之前的准时上班的行为，又批评了他此次的迟到，最后提出目标和期望，这样的批评不会让员工反感，同时又恰到好处地激励了员工。

三、使用零安抚时的注意事项

使用零安抚时要注意以下三点：

一是防患于未然。没有“冷暴力”，就没有伤害。不做“施暴者”，就没有受害者。从长远来看，对别人“施暴者”，最终受伤害的反而会是自己。有这样一个案例。

有个朋友因顶头上司给她“穿小鞋”而被迫离开这家公司，转而去了一家外资企业给老板做翻译工作。两年后，让她意想不到的是，她曾经的那个顶头上司竟然来到这家公司应聘人力资源总监一职。初试后，老板让她对此人进行社会调查。拿过简历后，她竟然发现是“老熟人”，于是，对老板说：“不用调查了，我认识他。”然后，就没有然后了。

二是消灭于萌芽。“履霜坚冰至”，《易经》上的这句话在告诫我们要重视事物发展的萌芽阶段。工作中的“冷暴力”发生之初是可控的，“被施暴者”一定要在第一时间动用自己“成人自我状态”来分析问题的来龙去脉，认识到自己现在可以改变什么，要积极去应对。如果是误解造成的，要主动沟通或找其他同事帮忙从中调停，让事态得到控制，最终大事化小，小事化了；如果是自己的错误造成的，那就要主动承认错误并表态承担后果，然后主动向领导提交问题的解决方案，并呈交避免类似问题再发生的解决办法。经过这样的流程操作，不仅不会使“冷暴力”态势扩大，还可能因此而得到领导或同事的原谅和好评。

三是走为上策。当事态已经发展到不可调和的地步时，“被施暴者”选择离开也不失为一种上策。但一定记得自我反省，引以为戒。如果换了另一家企业，你还是重犯自讨苦吃的小错误而引发新的“冷暴力”，跳槽是解决不了问题的。

第四节 对安抚的要点把控

若想更加熟练地使用安抚，还需要充分理解它的内涵和精髓。以下五个要点，可以帮助我们达到这个目的。

一、每个人都有对安抚的需求，如果得不到，人们就会主动寻求

工作中，我们经常可以看到主动寻求安抚的例子。

在一个职位上工作两三年以后，随着工作胜任能力的增强，工作挑战性就会随之降低。这个时候，有的人内心通常会发生一些微妙的变化，升职或涨薪的念头就会开始浮现。如果你是一个细心的管理者，一定要注意员工以下的倦怠行为：工作激情全无，心不在焉，消极怠工；迟到或早退；工作失误增多，等等。从TA理论的角度来看，这些行为是员工在寻求正面安抚（升职或涨薪），希望以此来引起管理者的关注，这时就看管理者对此如何回应了，不同的回应会有不同的结果。

如果管理者能够觉察到员工这种心理，通过及时有效的沟通并针对性施予正面安抚，员工就会重新振作精神，投入地工作；如果员工因此而得到负面安抚，比如批评、罚款或扣奖金等，或者长时间得不到想要的安抚，如升职或涨薪，该员工就会使出最后一招——递交离职申请，希望通过这种方式得到想要的安抚。实质上这是一种隐匿式沟通，是员工试图通过这样一系列行为来寻求安抚。此时如果员工还得不到公司重视和理解的话，就会真的选择离职。离职的员工，表面上显得无所谓，其实内心多会有失落、压抑、烦躁等情绪，只不过没有当众表现出来而已。

当然，员工的这种行为是一种不职业的表现。职业生涯管理专家程社明博士说过一句话："小孩子想要就要，要不到就哭；非职业人想要就要，要不到就辞职。"从TA理论的角度来看，无论小孩子的哭还是非职业人的辞职，其实质都是一样的，都是试图通过这样的行为来寻求安抚。

小孩子和非职业化的员工是这样的，其实客户也是如此。对于你的产品或服务，客户无论是发牢骚、抱怨、谩骂还是更过激的行为，其实

质都是在寻求安抚。

基于这个思路，解决的方法很简单，无论是对内部的员工还是对外部的客户，都可以采用下列步骤：首先，通过TA理论的沟通策略和方法让他们说出想要的安抚；其次，辨识想得到的这些安抚是否合理；再次，根据事实来决定是否满足其要求。需要思考的是，如果满足其需求将如何满足，不满足其需求又将如何处理。如此问题便能最终得到有效解决。

我们可以看到，无论员工还是客户，还是前面提到的小孩子，其心理和行为是一样的，目的是得到他们想要的安抚。因此，在实际管理中，需要管理者和服务人员有一双慧眼和一颗智心，品透员工和客户的心理。这样，很多管理难题就可迎刃而解了。

二、人们最想得到正面安抚，最怕得到零安抚

人们最想得到正面安抚，最怕得到零安抚，在得不到正面安抚的情况下，宁可主动寻求负面安抚也不想得到零安抚。在卡耐基的剪报中，有这样一则故事：

一位农村妇女，辛苦了一天，吃晚饭的时候，给她的男人端上来一大盆牧草。当他的男人愤怒地责问她是否发疯了的时候，她愤怒地回答说："原来你知道每天吃的是什么东西啊！我已经为你们做了20年的饭菜，一直就没有听到你们说过一句感谢的话！今天，我就是要让你知道，你每天吃的不是草！"

为了家庭，这个妇女默默地付出了20年，却没得到过家人哪怕一丁点的正面安抚，最终因无法忍受零安抚的痛苦，竟然冒着激怒丈夫、不知后果如何的风险说出了压抑已久的心声。这是一个典型的因得不到正面安抚、受够了零安抚的伤害而主动寻求负面安抚的例子。

明白了这一点，你对下面的这种现象就不难理解了。

在一个学校里，通常每个班级都会有一两个调皮捣乱的学生。他们共同的特点是学习不好，与老师关系不好，总爱惹是生非。究其原因，是这些学生因学习不好，始终无法得到老师的正面安抚，因此才通过惹是生非的方式来引起老师的注意（寻求负面安抚）。虽然此举可能会得到老师严厉的批评，但总比得不到任何关注强（零安抚）。知晓了这些“差生”的心理，问题解决起来也就容易多了，就是要对他们多些耐心，多些关注，在鼓励的基础上教会他们学习方法；而批评、埋怨或找家长都不能帮助他们转变。对于企业员工，道理亦如此。那么人们为什么会有这样的需求心理呢？

这与安抚的感受性有关。安抚是一种刺激，这种刺激会给对方带来不同的感受，而这种感受的好与坏，直接决定了人们的需求心理。对于人际关系而言，正面安抚最具建设性，零安抚最具破坏性，负面安抚则处于二者之间。趋利避害是人的天性，所以，一般情况下人们都愿意接受正面安抚，而不愿接受负面安抚，特别是不愿意接受零安抚，因为它会给人带来心理层面的伤害。

在我们的生活和工作中，安抚无处不在，它不但影响着人际关系的和谐和工作的效率，更影响着人们的身心健康。基于此，我们每个人都应主动对别人施予正面安抚，并正确施予负面安抚（即使是负面安抚，主动施予也比对方寻求强得多）。尽量不要对别人使用零安抚，从而避免其内心受到伤害而带来痛苦。

三、安抚可以强化行为

艾恩·史都华和凡恩·琼斯在他们合著的《人际沟通分析练习法》一书中提到了这样一个观点：安抚可以强化行为。这个观点怎么理解，对我们的沟通又有什么样的影响呢？

我们先来看看下面这个场景：

小孩子把玩具弄了一地，没有收拾，妈妈上班回来后看见此情此景会怎么处理呢？

第一种处理方式：什么也没说，自己把地板上散落的玩具快速地收拾干净。这是替代。

第二种处理方式："哎呀，你怎么搞的？又弄了一地！"这是埋怨。

第三种处理方式：把孩子叫到一摊玩具旁，对他吼道："你怎么回事，怎么不收拾干净？"这是斥责。

第四种处理方式："啪"就是一巴掌，紧接着说："我让你没记性，跟你说多少遍了，你就是不听！以后，还敢不敢了？说，还敢不敢了？！"这是攻击。

第五种处理方式：把孩子叫到跟前，不埋怨、不斥责也不攻击，而是耐心地与孩子一起把散落的玩具装到盒子里，最后，帮助他将玩具送回原处。收拾干净后，还要与他击掌庆祝并告诉他收拾干净的好处。经过这样的流程处理，也许下次孩子还可能忘记收拾，你按照第一次的处理方式再帮助他一次。等到第三次，他自己就会做了。

从安抚的角度，孩子把玩过的玩具散落到地板上而不收拾是一种行为，这会得到家长不同性质的安抚反馈，而家长所采用的不同性质的安抚会对孩子的行为起到强化作用。这里所说的"强化"是有指向性的，一种是强化了行为的本身，另外一种是强化了你想让孩子接下来出现的行为。

埋怨、斥责和攻击都属于负面安抚，这几种负面安抚的行为会对孩子心理造成不同程度的负面影响。孩子再玩玩具的时候，首先想到的是家长对他的负面安抚行为，但因为家长并没有教给他怎么收拾玩具，所以接下来孩子依然不知道怎么收拾；或者因害怕妈妈打骂根本就不敢再玩玩具了；再或者反其道而行之，你让我收拾我偏不收拾。久而久之，孩子的上述几种不正当的行为会因家长的负面安抚而得到强化。安抚、陪伴和耐心指导则属于正面安抚，这样的安抚会对孩子接下来的行为产生积极影响：一是再玩玩具的时候，孩子知道乱丢玩具是不好的行为；二是玩具用完以后，他知道采用什么样的方式来收拾并摆放在应有的位置。如果这时再加上父母的夸奖，孩子的正确行为会因家长采用了正确的安抚而得到强化。久而久之，正确的习惯就养成了。

通过以上分析可知，负面安抚强化了行为的本身，而正面安抚强化了接下来你希望出现的正确行为。

明白了这个道理，你也就明白了青少年为什么玩游戏上瘾了。

有人分析孩子痴迷于玩游戏的原因：在现实生活里，当孩子犯错误或失败的时候，家长的反馈是批评多于鼓励；而在玩游戏中，当他犯错误或失败的时候，游戏反馈的是鼓励多于批评。虽说这样的分析有“以偏概全”的嫌疑，但孩子痴迷于玩游戏和这个原因不无关系。

从安抚的角度分析，当孩子犯错误时，如果父母反馈的是不问青红皂白地批评（负面安抚），那么这种安抚带来的结果就是孩子不但不知道怎么改正，反而会使孩子与父母间的情感淡漠和疏远，甚至产生逆反的心理和行为。久而久之，这种负面安抚就强化了他胆小怕事或者逆反的行为。但在游戏中，游戏反馈的却是鼓励，这种正面安抚带来的激励效果帮他忽略或抵消了失败带来的挫败感。久而久之，这种越挫越励的正面安抚就强化了他玩游戏的兴趣，并直接导致孩子百玩不厌直至上瘾。

通过这两个例子的分析，我们可以肯定地说，安抚的确可以强化行为：要么强化了行为本身，要么强化了人们接下来出现的行为。这一使用要点，应该对管理者有所启发：

第一，如果你的员工为团队做出了贡献，作为管理者，你不能仅看在眼里，记在心上，最重要的是要适时适度地表达出来。

表达可以是一句及时的口头表扬或仪式表扬，也可以是奖金或者职位晋升。但不管什么方式，你一定要表达出来。表达可以起到正面的强化作用，使之更有动力为团队做出贡献。假如你不予表达，这种积极的行为不会持续太久，因为当他发现做与不做是一个样子的时候，就失去了做的动力，工作会停滞不前。

第二，管理者在表扬鼓励员工的时候，不忘夸赞对方的人品。当管理者表扬下属的时候夸奖一下他的人品，不但能够强化其积极的行为，使下属以更大的热情投入工作，而且会让他进一步坚信，自己“还可以更好的”，从而坚定向上的工作信心。

比如，经理对柜台人员说：“小李，今天顾客向你发那么大的火，甚至对你骂骂咧咧，你还能微笑、耐心地处理，这不仅说明你服务认真，而且还说明你具有礼貌、热情的好品质！”

第三，管理者要对员工一视同仁，不要亲此疏彼。亲此疏彼的意思就是亲近甲，而疏远乙。“亲”的行为，对甲员工来讲是一种正面安抚，但对乙员工来说则意味着负面安抚或是零安抚。我们知道，人们最想得到正面安抚，最怕得不到任何安抚（零安抚），在得不到正面安抚的情况下，宁可主动寻求负面安抚也不想得到零安抚。当被你疏远的员工得不到正面安抚的时候，他就会退而求其次，通过主动寻求负面安抚，比如故意迟到、早退、工作懒散甚至故意与领导对着干，来引起你的注意，因为有安抚总比没有好。此时，如果你看不透员工的心理，就无法容忍员工这种“故意找碴儿”的行为，在这种“我好，你不好”心理定位下，通常采用的管理行为就是惩罚。殊不知，越是惩罚，越是强化了员工寻求负面安抚的行为。

所以，管理者一定要对你的员工一视同仁。每个人都有优点和不足，以“避缺用优”原则来使用人才就好了，千万不要因员工一次犯错就把他打入“冷宫”。记住，心态失衡的领导不是好领导，心态稳定团队才有凝聚力和战斗力。

第四，事情发生后，在没有搞清楚前因后果之前，不要轻易下定论。来看下面的案例。

某日早晨，一位老太在公交站台等车。人来人往中，老太被撞倒摔成了骨折，鉴定后构成8级伤残。老太指认撞人者是刚下车且上前扶她的小伙子彭某，于是将其告到法院并索赔13万元。

对此，彭宇表示无辜……。就这样，在“撞”与“扶”的纠葛中，此案持续近一年时间法院才一审宣判。判罚结果认为，本次事故双方均无过错。按照公平的原则，当事人对受害人的损失给予适当补偿。因此，判决彭某给付受害人损失的40%，共4万元。

这一“不偏不倚”的判决结果在社会上引起了轩然大波。法院成为公众口诛笔划的对象，老太成为一个突出的反面典型，彭某成为了一个被人同情的“无辜者”，且在诸多媒体的推动下此案的负面影响持续发酵，使之成为一个社会性问题。虽说几年后，此事件在彭某“现身说法”下得以澄清，但此案的影响深远，致使后来许多倒地老人无人敢扶，这不仅导致不应有的伤亡，而且还一次又一次地刺痛着公众的道德神经。

在企业中，虽说很少有这等大事件的发生，但是“小冤案”与“小错案”也时有发生。作为管理者切记：事情发生后，在没有搞清楚前因后果之前，不要轻易下定论。

第五，做错事的员工，需要的不是指出错误而是指正错误。程社明博士在他的著作《你的船，你的海》一书中这样写道：“指出与指正是有区别的，指出是仅仅指出错误在哪里，而指正则是在指出的基础上帮助其改正。指出错误相对容易，而要让出错方意识到错误，并且能够引导其想出方法改正错误则有些难。”

“仅仅指出错误”，从管理者的角度可能认为，员工都是成人了，让他知道错在哪儿他就应该知道接下来怎么改正了。但从员工角度却不是这样的：一来他可能仍不知道接下来如何做，下次还会犯同样的错误。二来他也许会想，“别站着说话不觉腰疼，你做试试！”如果员工有这样的想法，就表明你对他施予了负面安抚。所以，优秀的管理者会通过一定的管理行为让出错的员工自己意识到错误，并且能够引导其自己想出方法来改正错误。“让其自己意识到”和“引导其自己想出”这两个管理行为对于员工来说是比较舒服的，因为二者皆属于正面安抚。

第六，指出错误的时候，一定要针对事实。管理者在指出下属错误的时候一定要描述事实，这在一定程度上能够避免员工出现逆反心理。

比如，客服经理对一个客服代表说：“刚才你接客户电话的时候，这句话你说的有些欠妥，你想想有没有更合适的说法？”或者“这个月的客户满意度下降了10个百分点，而投诉率上升了6个百分点。”这种客观的、以事实为依据的描述，是你用“成人自我状态”发出的信息，这是一种不带任何偏见的事实描述，这样做的好处在于，可以让下属用理性的“成人”来看待自己的错误。

如果你换成另外一种说法，“你这么说对客户太不礼貌了！”“你的工作态度有问题！”这样的说法因你是从“父母自我状态”发出的指责和批评，所以通常会引起下属在情绪上的对立。久而久之，你在无形中用下属认为的“负面安抚”强化了他的逆反心理与行为。

总之，从安抚的角度来看，管理者的管理行为分为三种：一种是正面安抚的管理行为，一种是负面安抚的管理行为，还有一种叫零安抚的管理行为。不同的安抚行为会出现不同的结果。管理者与下属之间的管理与被管理的互动行为实质上就是安抚的交换。员工的工作行为会得到管理者的安抚，而作为管理者，你一定要注意，不同的安抚会对员工的工作行为起到强化作用。如果你想要员工改掉坏习惯，用正面安抚要比负面安抚好得多，因为正面安抚能够强化你想要员工接下来出现的正确行为，而负面安抚却起不到这方面的效果。

四、人人皆可做安抚的慈善家

埃瑞克·伯恩先生认为，每个人都有对安抚的需求。有人需求就得有人付出，那么在安抚的付出方面人们又是什么样的情形呢？

受中国TA理论研究专家高德明老师的观点启发，我们总结出四种类型的付出者：

第一种类型的付出者叫慈善家。信奉“你不付出，我也付出”。这样的人很慷慨，对别人经常施予正面安抚却不求回报。对于孩子来说，绝大多数父母都是爱的慈善家。

第二种类型的付出者叫交换者。信奉“你付出，我才付出”。企业中有两类员工，一类是“先给后要，要不到就创造”的员工，还有一类是“先要后给，给不了我就撤退”的员工。你是属于前者还是后者呢？程社明博士说，一个人在工作中的价值，不能是要出来的，而是给出来的——给的能力越强，要的机会越大。

第三种类型的付出者叫强迫者。信奉“我付出，你必须付出”。比如有的老板理直气壮地认为：我给你工资，你就必须尽到责任！道理是对的，但员工也会想：我付出那么多，你凭什么不多给我工资。以对立的姿态来工作，这样的企业是没有情感可言的，这样的企业凝聚力不强，战斗力当然也不足。

第四种类型的付出者叫吝啬鬼。信奉“即使你付出，我也不付出”。比如，网上有人给你留言，你不回复，如果你总是这样，就会发现给你留言的人会越来越少。再比如，如果你提供了很好的服务，对方连声“谢谢”都不说，你就知道了这种人叫“吝啬鬼”，他们不懂得感恩，只知道索取，不知道给予。

虽然埃瑞克·伯恩强调安抚应该是无限和无偿提供的，但在日常的人际交往中你总会发现：无限和无偿的付出安抚通常出现在父母对孩子身上。在社会上、企业中甚至有的家庭里却少得可怜，常常是要想得到安抚，需要交换才行。于是有人说，这个社会越来越冷漠。这种现象是什么原因造成的呢?

持安抚经济学观点的史坦纳（ClaudeSteiner）道出了实情。原来在安抚方面，小孩子自小就被父母教导要遵守以下五个禁止：一是虽然你具备安抚的能力，但不要随便给他人。二是当你需要安抚的时候，不能向别人索要。三是当别人给你安抚的时候，千万不要接纳。四是当别人给你安抚的时候，不想要，也不要拒绝人家。五是不要自己对自己进行安抚。

在父母长年累月的耳提面命和率先垂范下，我们把这五条错误的甚至让我们陷入矛盾的安抚信息视为信条，直到现在，这些信条仍然影响着我们的人际关系。有问题就有解决的办法，我们可借用古圣先贤的“舍得”智慧来破解安抚的经济观，这个影响了我们人类正常交往的“魔咒”。

有舍必有得，往复循环，生生不息，这是它的规律性。知道“舍得”的原理，我们就可以把“安抚经济学”的观点调整为：第一，你具备安抚的能力，可以给别人。第二，当你需要安抚的时候，可以向别人寻求，但记得要感谢人家。第三，当别人给你安抚的时候，可以接受，适当的时候再给予别人安抚。第四，当别人给你安抚的时候，如果不想要，可以拒绝，对方会理解的。第五，自己可以给自己安抚。舍与得是互相转化的，如果能够自舍自得，那一定是自我管理的高手。

如果你能够参透“舍得”的道理并付诸行动，那么安抚经济学中这五个影响我们人类正常交往的“魔咒”就能够解除了，就能够让安抚的给予（舍）和接受（得）流转起来，让我们的生活充满阳光，让我们的人生更加美好。正如日本作家江本胜所言：“爱（得）与感恩（舍）是人世间最美丽的两种语言。一种是真诚地接受，一种是真诚地回馈，二者构成了最美好的循环。”

个体如此，企业也是一样。管理者一定要让安抚的给予（舍）和接受（得）在你的企业中流转起来，只有这样，你的企业才有生气，才有凝聚力。下面案例中的这家公司很值得我们学习。

一家文化出版公司推出一个叫“亲，抱一下”的活动。员工之间互相帮助，被帮助的人可以在微信群发布该员工的“爱亲行为”，以表达感谢。根据被感动的程度，可以送出数量不同的“抱抱”和“亲亲”的微信表情。员工可以用自己得到的一定数量的“抱抱”和“亲亲”换取带薪休假。

该公司在原有架构以外，组成一个非正式组织，称之为“XX帮”，宗旨是为大家创造更加温暖、健康、活泼的公司氛围。该帮由“长老会”负责日常运行，常任长老会成员是全员投票选出来的3名员工。每个季度由一位民选的轮值监督员监督长老会的日常工作。任期届满时，长老会要接受全体员工的服务满意度评价。长老会的核心任务就是推行一个叫作“亲，抱一下”的活动。此项活动的基本规则是，当员工主动帮助同事，或是主动承担某项公共事务，被帮助的人可以在微信群发布该员工的“爱亲行为”，表达感谢。根据实际情况，如被感动的程度、事务繁重程度以及效果等，可以送出“抱抱”和“亲亲”的微信表情。长老会负责核实和记录每个员工获得“抱抱”和“亲亲”的数量，及时公示，集齐10个“抱抱”或者5个“亲亲”，就可以换取一天带薪休假，而获得“抱抱”和“亲亲”最多的人，则可以获得小惊喜。

活动一经推出，员工的参与热情超出了设计者的想象：员工间自发的横向连接，短期内就得到了极大的鼓励和强化，员工间产生越来越频繁的知识传递，不像以往那样过度依赖上级管理者，各种正能量行为都会被及时发现和公示，并且获得小规模、多频次的激励。

几个月之后，管理者明显感到，新员工的保留率得到了明显改善。目前，长老会已承担了除招聘和晋升、薪酬之外的其他HR（人力资源）功能，并且获得员工的高度评价。

得安抚者得人心。这个企业之所以能够“活”起来，最根本的原因是通过一个非正式组织的推动，让正面安抚的给予（舍）和接受（得）在人际间流转了起来。付出者能够得到，得到者也会再付出，当这个企业中的成员都“动”起来的时候，这个企业就变得健康而充满活力，企业因正能量的流转从而获得新的发展。

五、自己可以给自己安抚

我们从小就被教导“谦虚使人进步，骄傲使人落后”，比如你考试得了100分或者完成了一个很难实现的目标后，当你跟父母报喜的时候，通常会听到长辈说出“你很棒，但不要骄傲哦”“保持低调”“能谦虚点不”这样告诫的话。伴随着这样的“提醒”，我们长大成人了，同时也继承了这样的“优良传统”，所以，当别人夸奖你学习真好或领导赞赏你能力出色的时候，你通常会谦虚地回答：“哪里，哪里，这次碰巧而已。”

通过TA理论的学习，我们突然发现，“谦虚”正是自己不能给自己安抚的原因。我们习以为常地遵循着这些所谓的好品格，殊不知，这样遵循的同时也让我们失去了一项对自己来说最为重要的能力——自我安抚的能力。

什么是自我安抚的能力？有人这样说，但凡成功人士，皆有以下两种能力：一是自燃。无论有多疲惫，遇到多大的困难或挑战，他都会激情四射，光芒万丈，让注意力和激情达到沸点的状态，从而无坚不摧，无往而不胜。二是自愈。大成功者都是大磨难者。卓越者必须有自己愈合伤口的能力，才有机会接受更大的挑战，从而变得更加卓越。自愈是助燃的。这里说的自愈指的就是自我安抚的能力。做大事者必全心投入，但前行的路上并非一帆风顺，当出现磨难时，固然需要别人的鼓励和支持，但更重要的是你应具备自己给自己以鼓励和支持的能力！

说着容易做着难，难的原因是我们这种能力从小就被弱化了。面对自己，我们需要这样思考，既然我们能够施予别人安抚，就应该能够施予自己安抚。下面我们用“四步解决法”来帮助大家逐渐养成自我安抚的意识和习惯，重新找回原本属于我们自己的这种能力。

第一步，自我觉察。这是一个人能够了解自己当下感受、状态或者期望的能力。这种能力不仅能够帮助自己注意到当下的状态，更能对自己的情绪、行为、信念、价值观等方面有深入与完整的了解。

对身体上的自我觉察，比如肚子饿了，口渴了，头疼了，就是你的自我觉察。

对心理上的自我觉察，比如意识到面临挑战而胆怯的心理，事业失败而失意时的心理，事业未成想放弃时的心理，这些都是心理上的自我觉察。

第二步，自我接纳。就是指自己承认和接受自己当下的境遇、状态和结果。再拿刚才的例子来说明。

对身体上的自我接纳，比如肚子饿了，你要吃饭。承认和接受饿了是事实就是你在这件事情上的自我接纳。口渴，你就饮水。承认和接受口渴是事实就是你在这件事情上的自我接纳。头疼，你去医院看医生。承认和接受自己病了是事实就是你在这件事情上的自我接纳。

对心理上的自我接纳。在面临挑战而胆怯时，需要给自己注入必胜的信心。承认和接受自己胆怯是事实就是你在这件事情上的自我接纳。事业失败而失意时，需要给自己注入重新崛起的勇气。承认和接受失败且失意是事实就是你在这件事情上的自我接纳。事业未成想放弃时，需要给自己注入坚持的力量。承认和接受未成功且自己想放弃是事实，这就是你在这件事情上的自我接纳。

或许是对身体上发生的事的自我觉察和自我接纳在认知上容易理解，所以，人们常常忽略它。比如，渴了、饿了或者头痛了，人们并不当回事。在上述行为中，人们在自我觉察和自我接纳上做得还不够，漠视这些行为对身体健康造成的危害。但心理上的伤害就不那么容易漠视了，这需要一个人具有强大的成人自我状态。

第三步，自我安抚。自我安抚就是坦然面对后，自己给自己的鼓励和支持。还拿刚才的例子来说明。

对身体上的自我安抚。比如肚子饿了，那么你可以抚摸着肚子说："不闹了，今天我们吃点好的。"这个承诺就是你对自己饥饿的安抚。口渴了，你可以心里说："不闹了，一会我们就去喝瓶纯净水。"这个承诺就是你对自己口渴的安抚。头疼，那么拍拍自己头部说："不闹了，我们这就去医院！"这个承诺就是对自己头疼的安抚。

对心理上的自我安抚。目的是在面临挑战而胆怯时，多想想自己的优势，给自己一个信心，这就是你给自己心理上的及时安抚。事业失败而失意时，能够对自己说："失败是对每个成功人士的考验，冬天到了，春天还会远吗！"这种对自己的鼓励就是你给自己心理上的及时安抚。事业未成想放弃时，对自己说："成功往往是一瞬间的坚持，现在需要自己再坚持一下。"这番鼓励自己的话就是你给自己心理上的及时安抚。

第四步，自我行动。所谓"自我行动"，就是自己采取有效行动来解决这个问题。继续拿刚才的例子来说明。

对身体上的自我安抚，比如肚子饿了，接下来找个地方吃饭就是自我采取的有效行动，以此来解决肚子饿了这个问题；口渴，找个卖水的地方买瓶水喝就是自我采取的有效行动，以此来解决口渴这个问题；头疼，去医院看医生就是自我采取的有效行动，以此来解决头疼这个问题。

其实，每个人身体都具备强大的保护健康的运行机制，如果我们不漠视自己身体的感觉，加强自我觉察，承认和接受当下存在的事实，及时给自己一个合适的正面安抚，并付诸行动，那么每个人都有可能健康地活到老；另外，每个人都有强大的内心力量，如果你不漠视自己的心理感受，加强自我觉察，承认和接受当下存在的事实，及时给自己一个合适的正面安抚，并付诸行动，那么，成为一个生活和事业的强者、一个更容易品味到成就感的成功人士就不是梦。

对于自己的成长来说，自我安抚的确是一种廉价而且很有力量的安抚，但也不能完全取代别人给予的安抚。因为人毕竟是社会的一分子，每天都与周边的人互通往来，在这个交互的过程中必然存在着安抚的交换。所以，在安抚方面，我们要努力做一个拥有正能量的人，既能助人又能助己。也就是说，多给予别人正能量的安抚，同时也不要拒绝别人给予我们的真诚帮助。

能够做到灵活使用安抚并不容易，有的人天生就是一个使用安抚的高手，有的人穷其一生可能也不法自由驾驭安抚。原因在于每个人的自我状态参差不齐。所以，我们要努力修炼自己，使自己的父母自我状态和儿童自我状态听从自己的成人自我状态，以团队协作的方式来发挥效用，从而使人际间的沟通变得更加顺畅。

有这样一个富有哲理的故事。

在一座破旧的庙宇里，一个小和尚沮丧地对老和尚说："我们这一个小庙，只有我们两个和尚，我下山去化缘的时候人家都是对我恶语相向，经常说我是野和尚，给我们的香火钱更是少得可怜。今天去化缘，这么冷的天都没有人给我开门，化到的斋饭也少得可怜。师父，我们菩提寺要想成为你所说的庙宇千间、钟声不绝的大寺，恐怕是不可能了。"

老和尚披着袈裟什么话也没有说，只是闭着眼睛静静地听着。

小和尚絮絮叨叨地说着，老和尚沉默一阵，终于睁开眼睛问道："这北风吹得紧，外边又冰天雪地的，你冷不冷啊？"

小和尚浑身哆嗦着说道："我冷呀，双脚都冻麻了。"

老和尚说道："那不如我们早些睡觉吧！"老和尚和小和尚熄灭了灯钻进了被窝。

过了一个多小时，老和尚问道："现在你暖和了吗？"

小和尚说道："当然暖和了，就像睡在阳光下一样。"

老和尚说道："棉被放在床上一直是冰凉的，可是人一躺进去就变得暖和了，你说是棉被把人暖和了，还是人把棉被暖和了？"

小和尚一听，笑了："师父你真糊涂啊，棉被怎么可能把人暖和了，当然是人把棉被暖和了。"

老和尚说道："既然棉被给不了我们温暖，反而要靠我们去暖和它，那么我们还盖着棉被做什么？"

小和尚想了想说道："虽然棉被给不了我们温暖，可是厚厚的棉被却可以保存我们的温暖，让我们在被窝里睡得舒服啊！

黑暗中，老僧会心一笑："我们撞钟诵经的僧人何尝不是躺在厚厚'棉被'下的人，而那些芸芸众生又何尝不是我们厚厚的'棉被'呢！只要我们一心向善，那么冰冷的'棉被'终究会被我们暖热的，而芸芸众生这床'棉被'也会把我们的温暖保存下来，我们睡在这样的被窝里不是很温暖吗？庙宇千间、钟声不绝的大寺还会是梦想吗？"

小和尚听了恍然大悟。从第二天开始，小和尚每天很早就下山去化缘，依然碰到很多人对他恶语相向，可是小和尚却始终彬彬有礼地对待每一个人。

十年以后，菩提寺成了方圆十几公里的大寺，有了许多僧人，香客更是络绎不绝，而当年的小和尚也成了住持。

其实在这个世界上，我们都生活在“棉被”里，别人就是我们的“棉被”，当我们用心去暖“棉被”的时候，“棉被”也会给我们温暖。

第六章

掌握分寸

建立边界才能进退自如

点睛之语

边界意味着距离，也意味着空间。这两点恰恰满足了一个人对自由的追求。

人际间的沟通，最难掌握的就是分寸了。说多了不行，说少了也不行；说深了不行，说浅了也不行：只有恰到好处才行。对少数沟通高手来说，是件很容易的事情，因为他们洞察人性，懂得审时度势，懂得恰如其分。但对大多数人来讲，却显得非常困难。

分寸与哪些因素有关呢？一是与沟通环境有关。我们知道，沟通的结果会受外部环境和内部环境的影响，所以我们才会强调审时度势。审时度势就是掌握分寸的一种表现。比如，有的人说话总能考虑到对方的感受，该说的说，不该说的绝对不说。但有的人却不是这样，只顾自己说，从不考虑对方的感受，该说的、不该说的都说了。二是与规则有关。规则分两种：一种是由人制定的规则，比如国家法律、社会规范、企业规章制度、学生守则和家庭伦理等。身在其中，有的人游刃有余，有的人却磕磕绊绊，区别就在于对分寸的掌握上。另外一种是以自然规律的形式存在的规律或规则。春夏秋冬，四季更迭是一种自然规律；花开花谢、诞生灭亡是一种自然规律。人们日出而作、日落而息就是在遵从自然规律。总之，无论是人为规则还是自然规律，都在告诉我们什么该做，什么不该做，需要我们顺应它而不是违背它。违背了，你就要受到惩罚，因为你没掌握好分寸。

以上说的是外部因素，除此之外还有一项比外部因素更重要的，就是自身因素。我们知道人有三种自我状态，三种自我状态之间的关系处理才是你沟通中能否真正把握分寸的关键所在。

理解了上述内容，再来学习TA理论中这个重要的概念——“边界”，你就知道它的存在感了。边界能够有效地帮助我们实现“掌握分寸”这一目标。为什么呢？因为建立了边界，不但能够帮助我们遵守规则、把握环境，还可以有效地区分和界定沟通中的责任，更主要的是能够帮助我们厘清自己的三种自我状态之间的关系，做到职责分明，张弛有度，进退自如。

第一节 什么是边界

“边界”不是一个新概念，我们很早就知道，国与国之间都有那么一条线，叫边界线，是用来区分两国之间领土和主权的。后来工作中发现人与人之间、部门与部门之间、企业与企业之间也存在着这样一条线，用来区分彼此的空间、职责和权限。TA理论的专家又把这个概念应用到自我状态之间的界定上。可见，边界就在我们身边，就在我们身上，它深刻地影响着我们的工作与生活。

一、边界的社会心理学含义

每一个人都有两种生存空间——物理空间和心理空间，这种空间与外界的界限，被称作边界。相对有形的物理空间，我们每个人还需要一个看不见摸不着的心理空间，它被一道无形的心理边界环绕着。

人出生后，慢慢有了“我”的概念，也就有了模糊的边界。这个玩具是“我”的，你不能碰。随着人的长大，“我”的范围扩大，我的安全空间、我的观念、我的选择、我的权利，希望我的地盘我做主。比如，你爱吃西红柿炒蛋，这时候有个人告诉你说，红烧肉才好，你就可能说“我爱吃什么是我的自由，不关你事”。为什么你有这样的情绪？因为这个人侵犯了你的心理边界。你有根据自己的口味选择吃什么的权利。再如，某男孩谈恋爱，父母说“你应该找这样的女孩子……”男孩不愿意了，说“是我找老婆还是你们找老婆？”在父母的角度，可以说是对自己孩子的关心，而在男孩的感受上，父母在替代“我”做决定，侵犯了“我”的心理领地。

但“我”的心理边界，不是一点不变的，人际关系上，要看他人与你的亲密度。比如在你的父母、恋人、“铁哥们”或者比较强势的人面前，你的边界可能就小；而在陌生人或你不喜欢的人面前，你的边界就大。

心理边界好像一个人的心灵家园。太小了，可能让你没有自我，不够独立，没有安全感，不清楚自己的需要；太大了，可能使你过于个性，强悍，影响人际关系。

二、边界的意义在于坚守

这个世界上，所有事物都有自己的边界。有的时候，由于主观或者客观的原因，我们难免忽视了一些边界的存在，甚至认为“越界”是一种充满刺激的行为。但是，所有的边界都是有意义的，而种种意义背后的根本，都在于自我的坚守。

人生有种种边界，从出生到成长，从家庭到学校，再到社会，人生的每一步或每一过程都是一个边界。工作与生活也是如此。明确了边界，生活和工作的效率才会更高。现代社会，互联网的发展使得人们轻晚就可将“触角”伸向任何领域，也导致了工作与生活的边界模糊，但真正的界限还得自己划定和坚守。

第二节 自己与自己的边界

人与人之间、部门与部门之间、企业与企业之间、国与国之间的边界很好理解，但人作为一个独立的个体，怎么还会存在“自己与自己”的边界问题呢？

TA理论告诉我们，每个人都有三种自我状态，分别为父母自我状态、成人自我状态和儿童自我状态。这里的“自己与自己”的边界问题指的就是自我状态之间的边界问题，而TA理论的专家把“边界（界限）”这个概念应用到自我状态之间的界定上。细心观察你会发现，其实埃瑞克·伯恩的三种自我状态图，即是假设在三种自我状态边界清晰的情况下画出的，因为只有边界清晰，三种自我状态才可以自由地转换和出入。如图6–1所示。

图6–1 一个人的三种自我状态（边界清晰）

一、自我状态间边界不清晰状况分析

如果一个人三种自我状态之间的边界不清晰，会怎么样呢？埃瑞克·伯恩将自我状态间的边界不清晰归结为污染和排除两种情况。

1. 污染

污染的意思是父母自我状态或儿童自我状态，或者两者同时侵入成人自我状态，造成混乱和模糊。

一是来自父母自我状态的污染。如果把父母自我状态里的观念当作成人自我状态里的事实，就叫父母自我状态的污染，也可称之为偏见。如图6–2所示。

比如，有人说所有东北人都能喝酒，员工犯了一次错误就认为这个员工能力不行，等等，这种以偏概全的论断就是他的父母自我状态污染了他的成人自我状态所致。这样的人在生活和工作中很是常见，甚至在社会上都成了一种现象。比如，买车时，国人对国产车的偏见；学校里，老师对差生的偏见；求职时，HR对低学历的偏见；管理中，管理者对“90后”的偏见，等等。

偏见的严重程度取决于成人自我状态受侵犯的程度。在图6–2中，与甲相比乙的偏见程度更甚。

二是来自儿童自我状态的污染。一个人会把小时候的信念当成成人自我状态的想法。这些小时候的信念是有感而发的幻想，却被称之为事实，埃瑞克·伯恩称之为妄想。如图6–3所示。

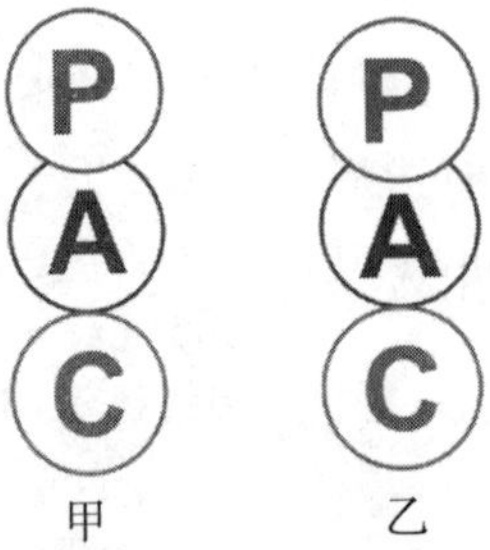

图6–2　父母自我状态污染了成人自我状态

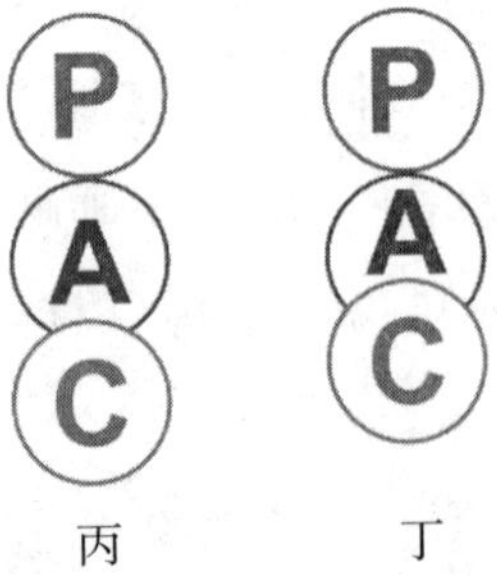

图6–3　儿童自我状态污染了成人自我状态

妄想是一种不理性、与现实不符且不可能实现但还坚信的错误信念。我们通常称这种人为“偏执狂”。有这种信念的人，即使把事实或已经被完全论证的理论摆在他面前，也很难动摇他的信念。过于严重的妄想就是精神分裂症的表现了。

这种状况在生活中也是常见的，一个典型的例子就是，爱尔兰著名诗人叶芝——这位诺贝尔文学奖获得者，他对意中人爱尔兰演员茅德·冈可谓一往情深，有人用“只是一见，便决定终情；只是一句对他诗的欣赏，就回报了人家一生”这样“动人”的诗句描述叶芝对爱情的执着，这种“执着”不知感动了多少人。然而从TA理论角来看待这件事，会有另一番感受。我们来看看叶芝追求茅德·冈的方式和过程。茅德·冈起初只是作为一个普通读者对诗人的敬仰，才发出了一句对他诗的欣赏，却被叶芝错误地认为，茅是爱上了他才欣赏他，于是展开了忘我的追求，就算茅嫁了人，有了爱情归宿，叶芝仍对其念念不忘，始终停留在“儿童”对爱情的幻想之中，直至终老。用TA理论来分析，显然叶芝式的“一见钟情”是他的成人自我状态受到了儿童自我状态的污染，致使他的成人自我状态无法帮他完成理性的判断、思考和决定。

妄想的例子还有很多，比如工作和生活中很多“错误地认为”都与“妄想”有关，有的人习惯于求助别人，如果别人拒绝他一次，他就会错误地认为对方不近人情，从此这个“帽子”就给人家扣上了；有的人把别人的宽容错误地认为软弱可欺，于是一欺再欺；有的员工把领导的批评错误地认为领导在刻意找他麻烦，从此便怀恨在心，等等。这种妄想不同于误会，误会是知道真相后就矛盾解除，印象恢复如初，而妄想者会一直坚信他们的错误想法，死不悔改。

与偏见一样，妄想的严重程度也取决于成人自我状态受到儿童自我状态侵犯的程度。在图6–3中，与丙相比，丁的妄想程度更甚。

2. 排除

每个人都有三种自我状态，排除的意思是一个人很少或几乎不使用他的某类自我状态。该自我状态确实存在却被忽略，所有的精力都投注到了其他自我状态上，结果便只能以压抑、僵化的方式来处理现实。

一是排除父母自我状态的人。父母自我状态主要掌控着规矩、信念和付出，一个人能否为他人着想都由父母自我状态来决定，排除父母自我状态，就意味着在任何情形下都不遵守规矩，反而自订规矩，或者表现出没有同情心等行为。如图6-4所示。

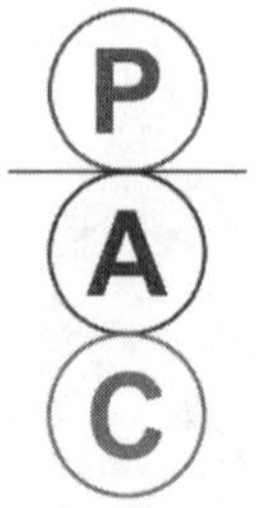

图6-4 排除父母自我状态的人的自我状态模型

排除父母自我状态，如果成人自我状态的能量强于儿童自我状态，还不会出现逾矩行为，如果成人自我状态的能量弱于儿童自我状态，这种情况下，通常表现为：我行我素，没底线地开玩笑，不考虑别人的感受，没有同情心，不给别人安抚但会要安抚，目中无人、目无尊长甚至目无王法。很多罪犯就是因为这一点才触犯了国家法律。

二是排除儿童自我状态的人。这种人会关闭自己童年的记忆，由于人在表达自己的感受时，常常处在儿童自我状态里，但由于缺失儿童自我状态，所以常被视为工作狂、“老古董”或冷血动物。如图6-5所示。

这种人通常表现为：生活单调，没有情趣和爱好，目无表情，认死理，古板教条，太过理智，工作狂，等等。

三是排除成人自我状态的人。这种人会失去成人自我状态下的思考、判断和了解事实的能力，往往依照他内在的父母自我状态或儿童自我状态来为人处事，正因为这样，总是可以从他的行为、感受和想法看出他内心的矛盾与挣扎。如图6-6所示。

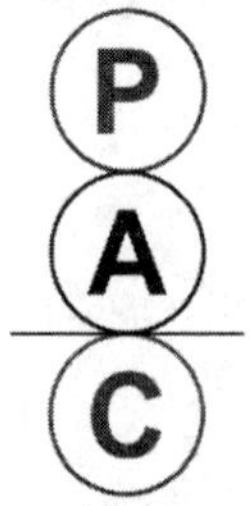

图6-5 排除儿童自我状态的人的自我状态模型

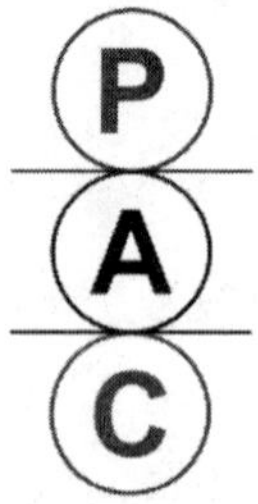

图6-6 排除成人自我状态的人的自我状态模型

这样的人通常表现为：喜怒无常，优柔寡断，角色不清，没有自己的思想，说话办事机械，通常你会觉得他说话、做事总是与环境不合。

污染和排除，是一个人自我状态“病理性”的表现。只要存在着“病理性”表现，无论是污染还是排除，都意味着他的边界意识会存在问题。这种情况可以通过一个人的为人处事、言谈举止轻易地判断出来。如果你目前三种自我状态的边界很清晰，那你一定是个为人处事很有分寸、善于处理人际关系的人；如果你的自我状态存在着污染或排除的情况，那么你的人际关系就会发生偏见或妄想的问题。可见，一个人若不解决自身存在的边界问题，是不可能处理好与他人关系的，甚至还会主动制造问题。假如你是管理者，若想解决部门与部门之间或企业与企业之间的边界问题，就必须先解决自身存在的三种自我状态之间的边界问题。

二、如何解决自我状态间的边界问题

无论污染还是排除，都可视为一个人的自我状态发生了“病变”。这里的“病变”指的是轻度的污染和排除，自己通过某些方法能够改善的，不需要心理医生的帮助，所以我们可以采用“中西医结合疗法”来治疗。中医讲究全面调理；而西医讲究哪里有病，就在哪里给药或手术来治疗。

解决一个人自我状态间的边界问题可以分为四步：

第一步：“把脉”定性。

无论用西医还是用中医，抑或是采用中西医结合疗法，都必须先进行诊断，明确病因。有两种方法可以判断自己的自我状态是污染还是排除：一种是自我觉察，另一种就是借助别人的反馈来确认。

自我觉察是成人自我状态的功能，一个人如果能够时时做到自我觉察，这表明在三种自我状态中，他的成人自我状态的力量相对强大。如果一个人的自我状态存在污染或排除的问题，那他的成人自我状态力量就相对较弱。在这种情况下首先要做的是，找一个合适的环境，静下心来，结合上面有关污染或排除的内容来进行觉察和判断。

单纯地采用第一种方法容易臆断，还需要借助别人的反馈进行判断。反馈不需要刻意恭维，最好实话实说。所以，你要找到那些能够说真话的家人、知己或朋友，才能真正帮上你。

第二步："西医"治疗。

污染有两种：一种是父母自我状态污染了成人自我状态。这意味着他的父母自我状态的能量很强，所以我们要有意识地减少父母自我状态的活动机会，同时有意识地增加成人自我状态活动的机会，此消彼涨，慢慢地就能去除掉污染了。另外一种是儿童自我状态污染了成人自我状态。这意味着他的儿童自我状态的能量很强，所以我们要有意识地减少儿童自我状态活动的机会，同时有意识地增加成人自我状态锻炼的机会，慢慢地就能去除污染了。

排除通常有三种，分别为排除父母自我状态、排除成人自我状态和排除儿童自我状态（我们针对的是单一自我状态的排除情况）。排除了谁，就意味着缺少谁，所以我们建议采取的方法是：排除了谁，就把谁"邀请"回来。比如成人自我状态被排除了，那我们就要知道成人自我状态有哪些特征（思维、情感和行为），然后在实践中逐渐增加这些特征出现的机会，再或者找到成人自我状态强的人来效仿，久而久之，你的成人自我状态就能慢慢找回来。

在上述方法中，需要提起注意的是，习惯养成容易去除难，增加新的习惯相对容易一些，但改掉一个人旧有的习惯就相对困难些。

第三步："中医"治疗。

一个有着健康人格的人，三种自我状态是什么样的呢？为了更好地理解，我们可以把一个人的三种自我状态看作是一个团队，在这个团队中，三种自我状态有着清晰的边界，而且成人自我状态的力量强大，它担任着这个团队的“领导者”。一个优秀的“领导者”，能够做到运筹帷幄、正确决策、公正公平，并根据外界的情况正确派遣团队成员来处理和应对各种情况。如图6–7所示。

图6–7　健康人格三种自我状态模型

按照这个标准，我们再来看看不健康人格的人，你会发现无论是污染还是排除，皆是因成人自我状态的力量弱小所致。所以要想树立起清晰的边界，需要增强成人自我状态的能量，同时还要促进父母自我状态和儿童自我状态的成长。

第四步：“疗程”控制。

我们知道，对于慢性或较严重的疾病很少有立刻就治愈的，一般需要几个甚至多个疗程。对于去排除和去污染也是这样，毕竟这两种情况是自我状态从小就发生了“病变”，所以，需要我们有时时觉察的意识，通过行为控制，逐渐达到去排除和去污染的目的。在这个过程中，随着排除和污染的程度减少，成人自我状态能量的增强，边界也会逐渐地树立起来，直到清晰。

第三节
人与人之间的边界

解决了自己与自己的边界问题，我们再来解决人与人之间、部门与部门之间的边界问题就容易多了。

人与人之间是存在着边界的。在没有接触“边界”这个概念之前，你一定听过“底线”这个词，比如有人说“在这方面我是有底线的，你碰了我就和你急”，你也一定听过有人说“我是有原则的”，这两句话中的“底线”和“原则”说的就是一个人的边界。我们每个人也都有一个“边界”存在，像是为自己“划定”了一定的“自我空间”一样，当这个空间被人触犯了就会感到不舒服、不安全，甚至恼羞成怒，而圈定自我空间的那条线我们就叫它边界线。

人与人之间的边界决定着人际交往的质量。在人际交往中要掌握好分寸，我们必须把握住三个边界：身体边界、心理边界和角色边界。

一、人与人之间边界之身体边界

身体边界是帮助我们界定和谁仅仅是微笑、和谁可以握手、和谁可以拥抱、和谁可以促膝深谈的。身体边界可以通过两个人交往时的边界距离来判断与对方的关系远近。原则上，两个人之间的边界距离越近，越容易沟通。

结合美国人类学家爱德华·霍尔博士的“交际距离学说”，我们把人的身体边界由远及近分为以下四种：

一是公众距离的边界。它通常指边界线存在于距身体3.6米远的地方。这种人际距离一般适用于演讲者与听众、彼此极为生硬的交谈等场合。

在中国，有着公众距离边界的两个人，他们见面时通常采用摆摆手的方式来表达情感。若想拉近心理距离，能否突破公众距离这个边界尤为重要。拿演讲者来说，很多有经验的演讲者都会在一开场想办法拉近与听众的距离。或者走进听众中间，或者用演讲内容来达到拉近距离的目的。

有资料记载：毛泽东曾在莫斯科大学向中国留学生进行演讲。开场他是这样讲的：“你们当中有没有湖北人？”听众回答：“有！”他接着说：“我游过你们的长江。”然后又问：“这里有没有湖南人？”听众回答：“有！”他又说：“我游过你们的湘江。”然后又问：“你们中间有没有广东人？”听众回答：“有！”他说：“我同样游过你们的珠江。”这样一番话，迅速拉近了与留学生的公众边界距离以及心理距离，会场气氛一下子热烈起来。随后，毛泽东正式发表了演讲。

二是社交距离的边界。边界线存在于距身体1.2米～3.6米远的地方，一般工作场所的人们多采用这种距离交谈，在小型招待会上、与没有过多交往的人打招呼，通常就是这种距离。

在我国，有着社交距离边界的两个人，他们见面的礼节通常是点头微笑。如果其中一个人未经介绍就贸然地用握手的方式来表达友好就显得唐突了。在商务活动中，常常把介绍也作为一种礼节，由此我们也该明白为什么有人要与第一次见面的人“套近乎”，如果通过“套近乎”得知对方与自己同姓氏、同乡、同窗、同经历、同爱好，就会因此拉近两个人之间的边界距离。

三是熟人距离的边界。边界线存在于距身体0.45米～1.2米远的地方，伸手就可以碰到对方的距离，这是与熟人见面交流时经常保持的距离。

在我国，有着熟人距离边界的两个人，他们见面的礼节通常采用的是握手的方式。如果两个人仅仅用摆摆手或微笑的方式来表达友好就会让彼此有生疏的感觉。

四是亲密距离的边界。边界线存在于距身体0.45米以内，这是一个人的私人空间，一般是亲人、知己、情侣或夫妻才会涉足的领域。在拥挤的公共汽车、地铁和电梯上，虽然一个人身体上的亲密距离遭到侵犯，但是在这种情景下，人们在心理上却保持着非亲密的边界距离。所以，当无权进入亲密距离的人闯入这个范围时，会令人不安，并由此而产生一定的戒备心理。

在我国，有着亲密距离边界的两个人，他们见面的礼节通常采用的是拥抱的方式。

身体边界也会因人而异。比如，喜欢的人和讨厌的人相比，人们更愿意离自己喜欢的人近些；好朋友与一般熟人相比，人们更愿意离好朋友近些；同样亲密关系情况下，性格内向的人通常比性格外向的人会保持稍远一点的距离；两个男人谈话通常要比两个女人谈话的距离稍远些。

综上所述，我们要依不同的人、不同的情况来选择适合的身体距离与之交流，做到这一点，也就掌握好了身体边界的分寸问题，就为接下来的交流打下了良好的基础。

二、人与人之间边界之心理边界

每个人不但有身体边界，同时也存在着心理边界。我们不仅要尊重别人的身体边界，还要尊重别人的心理边界。在心理边界里面，装着每个人的信仰、价值观、原则、思想与看法等。这就是为什么我们强调与别人交往时要有同理心，要换位思考，要学会理解别人、认同别人的根本原因。做到了这些，对方就会感觉很舒服，交往顺利进行，否则就会触犯别人的心理空间，而一旦触犯别人的心理空间，很容易招致别人的反感、拒绝，严重者甚至会让对方“怒从心头起，恶从胆边生”。

还有一种尊重别人的方式是不替别人做主。这种尊重，在平级之间、朋友之间、同事之间、夫妻之间很容易做到，但是在非平等关系上做到这一点却并非易事。

非平等关系有两种：一种是上对下的关系，一种是下对上的关系。

先看下对上的关系。在我国，自古就有尊卑的思想，受之影响，一般情况下，居上者有更强烈的边界意识，居下者是不能替上者做主的。

比如孩子是不能替父母做主的，学生是不能替老师做主的，下属是不能替领导做主的。一旦逾越边界，就有犯上的嫌疑，就会招来上者的恼怒。有这样一个案例。

办公室文员小徐接到一个工作任务——校对经理所写的一篇文章。她很努力地去做，连续三天早来晚走，终于将这篇文章交到经理手中。经理看了文章，顿时变了脸色，严厉地批评了她。原来是她没有经过经理同意，擅自做主，仅根据个人判断便将文章中的一些内容删减掉了。

我们用边界理论分析一下就知道经理为什么冲这位办公室文员发火了。看起来她工作很努力，很用心，但结果却是“好心没有得到好报”，受到了领导的批评。原因在于她没有边界意识，经理让她校对文章，她却自作主张，根据自己的理解做了删改。虽然她的动机是好的，希望将文章修改得更好，但是却突破了经理的边界线，经理发火也就在情理之中了。

再看上对下的关系。虽然我们一直在强调人人平等，但传统思想的影响力仍在，在我国，上替下做主被认为是很正常的。比如父母替孩子做主，老师替学生做主，领导替下属做主等，但从边界的角度来看，这其实是上对下的边界不尊重的一种表现。同时，这样的做法也是有弊端的：父母替孩子做主，孩子成长得慢；老师替学生做主，孩子进步得慢；领导替下属做主，下属成长得就慢。

拿企业中的“授权难”来说，授权难有很多原因，但其中很重要的一点就是领导对下属能力的不信任。领导认为下属能力不如自己，于是什么事都是自己做主，然后让员工执行。久而久之，员工失去了思考能力，得不到成长。下属越不成长，领导就越不敢授权，形成了恶性循环。这种现象的出现就是由领导对下属边界的不尊重造成的。每个人都有他的存在感，都有他的边界，在边界面前无尊卑之分。所以，我们提倡即便是上对下也不能轻易地越界，不为其做主是领导对下属能力最大的尊重。

三、人与人之间边界之角色边界

角色是有边界的，掌握好角色边界关键是做好角色认知。在《论语·颜渊》中有这样一段对话，齐景公问孔子如何治理国家。

孔子对曰："君君，臣臣，父父，子子。"公曰："善哉！信如君不君，臣不臣，父不父，子不子，虽有粟，吾得而食诸？"

这段话的意思是，孔子说："做君主的要像君主的样子，做臣子的要像臣子的样子，做父亲的要像父亲的样子，做儿子的要像儿子的样子。"齐景公说："讲得好啊！如果君不像君，臣不像臣，父不像父，子不像子，虽然有粮饷俸禄，我又怎能吃得下呢？"

用今天的眼光来看，孔子这番话强调的就是角色认知的重要性。角色认知做好了，国太平，家和睦；做不好于家于国都祸患无穷。对于沟通来讲也是一样，往小了看，角色认知不清，人与人之间会发生误解、矛盾或冲突；往大了说，则会危及到社会稳定和国家的长治久安。

对于企业而言，角色认知有其特殊的意义。企业中不外乎有三种角色：上级、下级与平级。

1. 上级的角色认知

你要清楚你是谁，别人才会认可你是谁。如果你是一名管理者，请你想想自己在下属面前应该扮演什么角色？记住：不是从自己的角度，而是从下属的角度思考问题。企业中上级的角色认知包括以下几个方面的内容：

第一，上级扮演的角色。

上级的角色与其管理风格息息相关，管理风格又与他的三种自我状态相关，且通过与下级的自我状态的互动体现出来。总结起来，上级与下级的互动模式通常有三种：一是父母自我状态（P）的上级——儿童自我状态（C）的下级；二是成人自我状态（A）的上级——成人自我状态（A）的下级；三是儿童自我状态（C）的上级——儿童自我状态（C）的下级。如图6-8所示。

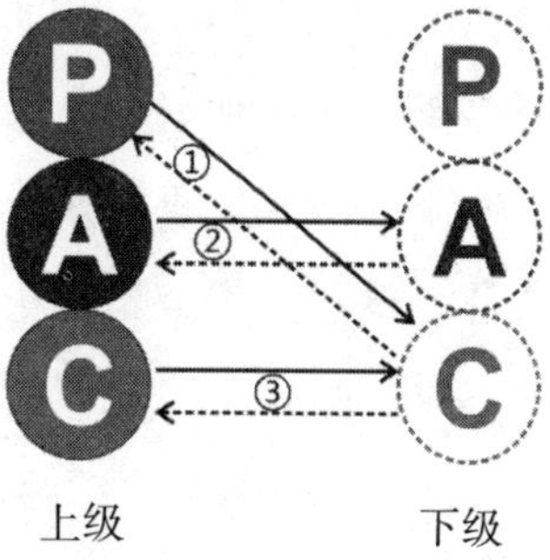

图6-8　组织中上级与下级互动的三种模式

第一种互动模式是父母自我状态（P）的上级——儿童自我状态（C）的下级。在这种互动模式下，需要管理者具有很强的领导力和人格魅力，扮演的是领导者和管理者的双重角色。领导者使用影响力来影响下级的行为，从而引领其实现组织的目标；管理者应用规章制度来约束下级的行为，从而达成组织既定的目标。

第二种互动模式是成人自我状态（A）的上级——成人自我状态（A）的下级。在这种互动模式下，需要管理者扮演好教练者和支持者的角色。教练者这种新型的角色不是建立在传统的“师傅在上，徒弟在下”的基础上，而是基于平等的关系。发挥员工强项的同时，辅导员工技能的全面提高，在这个基础上，协助员工认识并发现自身存在的价值和潜力来解决问题。支持者即一切以员工工作顺利开展为前提，给予外在和心理的支持。

第三种互动模式是儿童自我状态（C）的上级——儿童自我状态（C）的下级。在这种互动模式下，需要管理者扮演好终结者的角色。发生下属无法处理或解决的突发情况，需要终结者出头，帮助员工快速解决和处理。

当然，作为上级，如果能将这五种角色集于一身，且能够根据不同情况有针对性地呈现出来，会与下级之间形成良好的互动。

第二，上级对下级的边界把握。

在一个企业中，上级对下级的边界把握要保证以下原则：一是总揽不独揽。作为企业领导，你要掌控全局，而不是事无巨细、事必亲躬。二是客观不主观。是否从实际出发是判断客观和主观的标准。三是授权不弃权。像放风筝一下，放手不撒手。四是决断不臆断。判断的标准看是否经过客观分析。

第三，上级如何与下级相处。

如果清楚了自己扮演的角色，同时也能把握住角色的边界，那么你与下级相处起来就容易多了。总结起来，上级与下级有四个比较典型的相处方式：命令、表扬、批评与倾听。

先来看命令下属。

作为领导者或管理者首先要明白什么是权威。权，指的是权力；威，指的是威望。权是企业给的，但威是靠自己树的。领导者的权力通常指法定的或者企业章程中赋予领导者的权力，是有形的权力，是企业赋予领导者在关键时刻所拥有的一种强制性手段。威望就是一个人的人格魅力的体现，是与其个人的品格、才能、知识、资历等因素有关。与权力不同的是，威望是组织无法赋予的，必须靠领导者自己来树立。

领导者、管理者在企业中肩负着重要职责，具备权力和威望，方能扮演好自己的角色。有了权力，可以决策，可以调动资源；有了威望，可以带好队伍，以榜样的力量来激励大家一起完成任务。如果缺了其中之一，领导者和管理者就会像失去了一只翅膀的雄鹰，无法高飞。

领导者下命令要遵循以下流程：传达命令之前说明意图（对企业和个人的重要性，增加责任感）；说出对方能够完成的优势（给其信心）；双方确定完成期限（订立契约）。按此流程操作，上级不但能顺利地下达命令，下级更会按领导的预期圆满地完成任务。

再来看表扬下属。

表扬属于正面安抚，表扬下属相对容易做到，但越是容易的事情人们越不在意，所以更容易出现问题。表扬下属时需要注意以下细节：一是态度要真诚。真诚更容易感动员工。二是内容要具体。有具体内容的表扬效果是不一样的。三是当众来表扬。当众表扬，会让人脸上有光。四是适当运用间接赞美。间接赞美更让人觉得真实。

接下来看批评下属。

批评属于负面安抚，人们对此是有抵触情绪的，稍不注意就会伤及人的内心。所以相比表扬，批评更需要掌握技巧。

技巧一：使用“三明治”批评法。先表扬，再批评，接着给予期望，这种方式易为下属接受。

技巧二：对事不对人。要明确三个问题：找到问题发生的原因了吗？找到问题解决的具体方法了吗？如何避免类似的问题发生？这三个问题是程社明博士对“对事不对人”最恰当的诠释。发生错误，在处理完毕后，再让员工通过自己的思考找到上述三个问题的答案。这样做的好处在于，如果能找到答案，员工不但没有失败感，反而因此得到一次成长。当然在员工认识到错误以后，还是要按相应的制度进行追责处理，以保证制度的严肃性、公平性。

其实，最好的方式是犯错误的员工主动找上级沟通。首先向上级坦承自己的错误，然后主动找到问题的解决方案，最后和上级说明如何避免类似问题的再次发生。这样做的好处在于，员工不但不会受到批评，很可能因此而受到上级的表扬。

最后来看倾听下属。

倾听是一种正面安抚，能够让对方感受到尊重。但管理者倾听的水平可谓良莠不齐。归纳起来，管理者的倾听水平可分为四个等级：高级水平、中级水平、初级水平和一般水平。高级水平的管理者，能倾听下属的抱怨；中级水平的管理者，能倾听下属的意见；初级水平的管理者，仅能倾听下属的建议；一般水平的管理者，听不进下属的任何意见和建议，独断专行。

倾听，能够帮助领导者得到决策的信息，让下属感受到被尊重。如果领导者不倾听或不善于倾听，会在下属之间树立起不通透的边界，体现为信息不流通和不对称。所以应该倾听下属的心声，尤其是下属的抱怨。

除了上述的相处之道，上级与下级之间相处还要遵循一个原则：你如何对待别人，别人就会如何对待你。按照TA理论来说就是，上级要用成人自我状态来尊重下属，平等相处。

关于这一点，古圣先贤早有训导。春秋时期的鲁定公问孔子："如何用臣，臣下如何对应？"孔子说："君主以礼节来对臣下，臣下用忠诚来回报君主。"孟子在《孟子·离娄下》中更是坦率地指出："君之视臣如手足，则臣视君如腹心；君之视臣如犬马，则臣视君如国人；君之视臣如土芥，则臣视君如寇仇。"意思是说，君主看待臣下如同自己的手足，臣下看待君主就会如同自己的腹心；君主看待臣下如同犬马，臣下看待君主就会如同路人；君主看待臣下如同泥土草芥，臣下看待君主就会如同仇人。这就是关于上下级关系朴实的论述，对于今天的管理者仍有重要的借鉴意义。

2. 下级的角色认知

第一，下级扮演的角色。

下级在上级心目中总会有一个角色认知，这个认知与他的三种自我状态息息相关，且通过与上级的自我状态的互动体现出来。总结起来，下级与上级的互动模式不外乎以下三种：一是儿童自我状态（C）的下级——父母自我状态（P）的上级；二是成人自我状态（A）的下级——成人自我状态（A）的上级；三是儿童自我状态（C）的下级——儿童自我状态（C）的上级。如图6–9所示。

第一种互动模式是儿童自我状态（C）的下级——父母自我状态（P）的上级。在这种互动模式下，需要下级扮演好执行者的角色。下级的职责之一就是执行。上级对执行者的要求是，在规定的时间内，通过有效行动把目标转化为结果。这既是对下级的职责要求，同时也是对下级的能力要求。

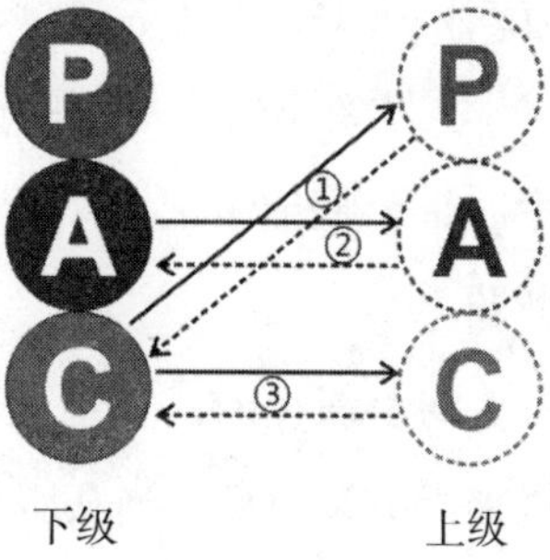

图6-9　组织中下级与上级互动的三种模式

第二种互动模式是成人自我状态（A）的下级——成人自我状态（A）的上级。在这种互动模式下，需要下级扮演好担当者的角色。担当者的担当，不是指冲动下的贸然接受，而是对自己的能力经综合评定后的主动承担。

第三种互动模式是儿童自我状态（C）的下级——儿童自我状态（C）的上级。在这种互动模式下，需要下级扮演好“好伙伴”的角色。好伙伴中的“伙伴”既指事业上的“有难同当”，也指生活方面的“有福同享”。

当然，作为下级，如果能将这三种角色集于一身，且能够根据不同情况有针对性地体现出来，那么在与上级的互动中将会做到游刃有余。

第二，下级对上级的边界把握。

下级对上级的边界把握要保证以下原则：一是献策不决策。征求上级意见后再做决定。二是到位不越位。充分理解上级交待的任务，执行到位。三是超前不抢前。超前思考，但不抢前争功。四是出力不为名。出力的目的不为名，是为职守。

第三，下级如何与上级相处。

清楚了自己扮演的角色，同时也能把握住角色的边界，那么你与上级相处起来就容易多了。总结起来，下级与上级有四种比较典型的相处方式：请示、沟通、执行和汇报。

向上级请示。请示领导，请自带方案；仔细倾听领导的建议（请示时带个笔记本记录是个好习惯）；让领导做选择题，不做问答题和判断题。

与上级沟通。沟通前，需要和上级确认沟通时间和地点；随时为上级提供决策信息；当众服从，事后单独沟通。

下属执行。执行前充分理解；以终为始，结果导向；执行中出现问题主动反馈，以便让领导及时调整方案。

向上级汇报。重要的事情要及时汇报；一般的事情要定时汇报；工作完成后要进行总结汇报；汇报时要结果为先、过程在后，言简意赅、条理分明。

3. 平级的角色认知

无论部门内还是部门间，平级关系都是一种横向的关系，在一个平台上共事，但各管一方。同时在企业里平级间的关系最为微妙，稍不注意就会出现问题，所以平级间的角色认知更为重要。

第一，平级扮演的角色。

在日常工作交往中，平级之间在彼此心目中都会给对方一个隐形评价，这个隐形评价与自已的三种自我状态息息相关，且通过与对方的自我状态的互动体现出来。总结起来，平级之间的互动模式不外乎以下三种：一是父母自我状态（P）——父母自我状态（P）；二是成人自我状态（A）——成人自我状态（A）；三是儿童自我状态（C）——儿童自我状态（C）。如图6-10所示。

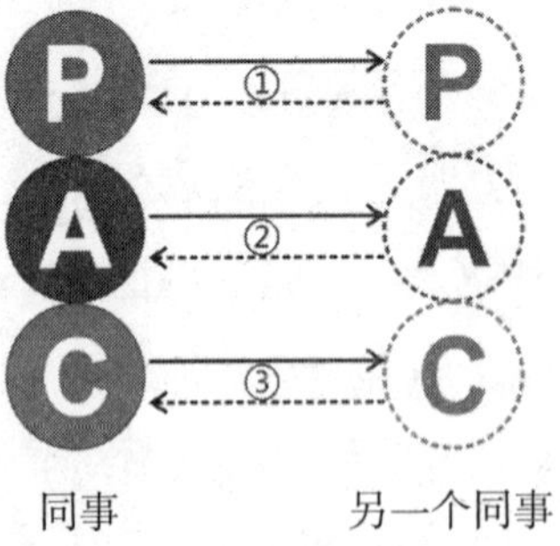

图6-10 组织中平级之间互动的三种模式

第一种互动模式是父母自我状态

（P）——父母自我状态（P）。在这种互动模式下，需要两个人都扮演好模范者的角色。模范者强调职业道德为先，互敬互谅，恪尽职守，为其他同事做好榜样。

第二种互动模式是成人自我状态（A）——成人自我状态（A）。在这种互动模式下，需要两个人都扮演好协作者的角色。协作者在平时要建立好人际关系，在需要时能够相互协作。

第三种互动模式是儿童自我状态（C）——儿童自我状态（C）。在这种互动模式下，需要两个人都扮演好竞争者的角色。竞争者强调的是比、学、赶、帮、超的良性竞争，让彼此都受益。

第二，平级之间的边界把握。

平级之间的边界把握要保证以下原则：一是理解不误解。心理定位要以“我好，你也好”为主。二是补台不拆台。补台是给对方正面安抚，拆台是给对方负面安抚，“补”与“拆”，结果不言自明。三是分工不分家。平级之间要倡导团队化思维——部门经理不是部门的经理，而是公司的经理；部门员工不是部门的员工，而是公司的员工。四是交心不多心。平级之间要相互信任，少猜疑。

第三，如何与平级相处。

清楚了自己扮演的角色，同时也能把握住角色的边界，那么平级之间相处起来就容易多了。总结起来，平级之间相处要注意以下原则：平时就要建立良好关系，切忌临时“抱佛脚”；抱着求同存异的想法与对方交往；协作时，分清各自的责任和义务；得到帮助要感恩。

第四节
部门与部门之间的边界

分工的目的是为了协作。部门是企业分工的产物，但分工的目的并不是让部门各自为战，而是为了更好地协作；不是为了小部门利益的一家独大，而是为了整个企业工作效率的提高。理解这一点，再谈部门与部门之间的边界问题就容易多了。强调边界的道理也是一样。

据此，判断一个部门是否健康，就要看两个关键指标：一是边界是否清晰，即部门的职责是否明确。职责明确才会有协作。二是边界是否通透，即信息传递是否顺畅。顺畅就意味着与其他部门沟通良好。

不清晰和不通透的边界对各部门的工作效率有很大的影响。如果部门职责过于模糊，就会出现部门间的职责“空白地带”和“重叠地带”的现象，这就像一个人三种自我状态间存在的“排除”和“污染”的问题一样，部门间不是相互干扰，就是老死不相往来，致使企业处于“亚健康”或“不健康”的状态；如果部门间的边界过于坚固，就会导致信息流通不畅，不沟通的结果就是与其他部门的关系渐渐疏远。所以边界应该保持一个度，这个度就是既要保证清晰还要保证通透。清晰，是让部门的职责更明确，这样才有协作的可能；通透，是保证部门间有顺畅的沟通，彼此的工作效率才会更高。

一、“部门墙”存在的根源

判断一个企业是否健康，就看其部门间是否有清晰通透的边界；而

“部门墙”的存在就是一个典型的部门边界不通透的现象。

每家企业似乎都有“部门墙”的存在，而且企业规模越大、组织结构越复杂，“部门墙”现象越是严重。那么这种现象产生的根源到底在哪里呢？

“部门墙”产生的根源就是部门的边界过于坚固，致使部门间信息不流通或流通不畅。具体表现为：部门之间画地为牢，彼此不沟通或不积极沟通、不协作或不积极协作，久而久之，便在企业中形成了一个个独立系统，部门的利益高于企业利益，有问题也尽可能地不求助于其他部门，致使部门结构臃肿。这就是我们通常所说的“本位主义”。

“部门墙”并非一日形成，它经历了一个过程。企业发展初期，人员较少，部门构成简单，沟通顺畅，工作效率极高。这时每个人都心往一处想，劲往一处使，为企业发展壮大尽心竭力。因此，处于创业初期或规模较小的企业，“部门墙”并未显现出来。

当企业的规模逐步扩大时，分工越来越细，部门也就越来越多，原有的简易流程和制度也不得不进行优化，相应的部门职责也随之发生变化。如果企业管理水平滞后于企业发展的速度，职责“重叠地带”和“空白地带”就会增多，推诿扯皮现象就会随之产生。

随着企业的发展，业务会不断增加，各部门人员数量也相应增加，新老员工需要感情上的磨合，更需要工作上的磨合，这些因素就会导致有工作联系的部门之间在工作衔接上出现配合不到位、相互埋怨等问题，从而导致部门之间的交流变得越来越困难，“部门墙”便逐渐树立起来并加高加厚，自此，部门间的隔阂便出现了。

二、“部门墙”拆除方法

疾病发展到一定程度的时候，就要进行手术。企业也一样，当出现又高又厚的“部门墙”的时候，就会影响企业的健康发展，甚至危及企业生存，所以必须采取措施，拆除“部门墙”。拆除“部门墙”需遵循以下步骤。

第一步：明确愿景，筑堤挖河。

古代兵法讲究“兵马未动，粮草先行”，企业变革也是如此。

明确愿景。愿景是企业最崇高的目标，因不同的企业而不同。我们是为谁明确愿景？不能仅为企业，或者仅为员工，这个愿景必须考虑到双方的共同利益。愿景一旦实现，企业以及组织里的每个人都能从中获利，都能获得成就感，这才是我们强调的明确愿景的含义。在这一点上，马云做得就很到位，当初正是凭借着他那“三寸不烂之舌”，让大家明确了愿景，才有后来跟他一起打拼的“十八罗汉”，如今随着马云的成功，当初的“十八罗汉”也跟着获得了巨大成功。

筑堤挖河。怎样才能实现这个愿景呢？重点做好三件事：流程管理、制度管理和人力资源管理。流程管理就是帮助企业挖掘“河道”或叫梳理“河道”，这是导引；制度管理就是帮助企业修筑并加固“堤坝”，这是治理；而人力资源就是水，人力资源管理的过程就是找水、蓄水、开闸放水进而控水的过程。在这个过程中，使其能量逐渐增强且有序流动，并最终保证水能够奔流入海（愿景实现）。三者相辅相成，不可分割。河道挖掘得再通畅，堤坝修筑得再牢固，如果没有水也没有实际意义；河道挖掘得再通畅，如果没有牢固的堤坝，河水总有一天会泛滥成灾；同样，如果只有水，没有牢固的堤坝，没有通畅的河道，水就会没有方向，无法形成合力，最终变成一滩死水。

第二步：决心变革，横纵联合。

明确了愿景，也明确了如何实现愿景，接下来就该进行“手术”了。对此，史玉柱给我们上了一堂实战课。

2015年11月18日，巨人网络董事长史玉柱发表一篇微博，在微博中史玉柱表示：今天是巨人网络11岁生日。11岁，网络公司已不算年轻了，为了公司能够长久发展，我最近要砍向巨人网络三板斧：

一、权力下放。6个管理层级削为3个，免掉133名干部，干部总数从160名降为27名。

二、战略调整。手游为主、聚焦精品。

三、文化改造。向陋习开刀，唤回创业激情。巨人千名研发人员年轻优秀，一定会有所作为。

就像巨人网络一样，不改变现状，企业就没有活力；不下决心变革，组织就不会恢复健康。要想凤凰涅槃，组织重生，变革的决心是第一位的。虽然会有风险，也会有阵痛，但从企业长远发展来看，这些都不应该成为领导者的牵绊。

变革不是要先拿人“开刀”，这样容易动摇军心。变革应该先从组织开始，横向进行流程梳理，纵向压缩层级。以目标为导向的流程梳理，再辅以相应的制度，使组织内部交流顺畅，团结协作。压缩层级，使管理尽可能地扁平化，以此提高沟通效率、执行效率。在此基础上，再考虑人员的变动，可以采取竞争上岗的方式，能者上，平者让，庸者下，使人力资源和人力资本重新优化组合，同时辅以提高薪酬待遇，以稳定军心。

第三步：精选王者，健康人格。

电影《天下无贼》中有一句经典的台词：“21世纪，什么最贵？人才！”其实，人才不仅21世纪最贵，纵观古今，都把人才看作最珍贵的资源，特别是管理人才。古语中的“千军易得，一将难求”说的就是这个道理。

“射人先射马，擒贼先擒王”。“部门墙”的产生如果追责的话，主要该由部门经理来承担。有才无德、心胸狭窄、自我意识强的领导通常喜欢建造“部门墙”。从TA理论的人格分析来看，这些管理者在人格上存在某些缺陷，他的三种自我状态间存在着“污染”或“排除”的问题，换句话说，他连自己的自我状态之间的关系都处理不好，怎么能处理好与别的部门的关系呢！所以，我们应该选拔那些有人格魅力同时又有工作能力的人来担任部门经理。

第四步：厘清职责，沟通协作。

部门要有边界，但要保证两点，既要清晰，还要通透。“部门墙”的建立最先由部门职责不清引起的，而后才变得不通透，所以首先要厘清部门职责。知道哪些工作是由本部门做的，哪些工作是与别的部门配合完成的。职责厘清后，再提倡相互间的协作就容易多了，也就是说，做到了边界清晰，还要使边界通透。通透是让部门间建立联系，这种联系包括沟通、协调、情感交流、互帮互助、共享成功等行为。厘清职责这个关键节点打通后，信息的流动、彼此间的沟通和交流就不再是问题。但需要提醒的是，联系的渠道是保障正能量流动的，绝对不能让那些负能量占据这个通道的内存。

做好这两方面工作，就意味着部门间树立起了清晰的边界，这会让工作变得职责清晰可辨、流程衔接有序、协作张弛有度、沟通自然顺畅，从而使整个企业组织运行井井有条。在这种情形下，更容易建立起和谐的人际关系，这样的组织会变得日益强大。

企业在变革过程中，若想上下齐动，管理者要让员工明白以下三点：

第一，企业管理（流程管理、制度管理和人力资源管理）不是“人本恶”思想下的产物，不是为了防范谁、管理谁，而是为了实现企业与员工的共同愿景而存在的。

第二，从TA理论的角度，制度相当于企业与员工之间建立了一份契约。所以，制度的制定一定要由制定者的成人自我状态来主导，既要考虑保障“成人”的利益、“父母”的严厉，还要考虑“儿童”的需求和欲望，一切以保障一线员工工作顺利开展为前提。否则，制度在源头上出现了问题，就会导致无法可依、有法不依，钻空子的现象就会发生，制度的作用就会大打折扣。

第三，无论是明确个人的边界，还是明确部门或组织的边界，为此而制订的规则并不是要限制我们的自由，相反，是让我们的工作有所依据，让我们更加“自由”。当然，这种自由指的不是你想干什么就干什么的随心所欲，而是指你应该干什么就干什么的收发自如。所以，在不断发展变化的环境里，每个人都应该时刻保持清醒，知道自己应该干什么，应该说什么，这是一个人的职业责任所在。

需要特别说明的是，在企业中，边界是与角色相匹配的，角色决定了你要保持的身体距离和心理距离。在人际交往中，我们一定要对此保持清醒。比如，在企业中，同事之间应该保持适当的距离，太近就意味着原本应该保持社交距离的两个人，却拉近到了熟人距离甚至亲密距离，在企业环境中，这样的边界是很脆弱的，经不起风吹雨打，稍有误会就可能致其断裂。在工作中，如果意识到自己超越了边界，应告诫自己迅速恢复到原有的边界距离。

第七章

决定在我

告诉你如何选择和决定

点睛之语

每个人的命运都取决于当他正视环境时他内心的思考与决策。

——埃瑞克·伯恩

来看一个“火锅店热水浇人事件”的案例。

某年某月某日，顾客L女士和家人到某火锅店就餐。其间，L女士因为火锅汤底加水的问题，和该店男服务员小Z发生了纠纷。先是指责，后是谩骂，结果小Z将半盒开水当头浇向顾客L女士，导致L女士严重烫伤。

这个事件给三方都造成了严重后果：首先看消费者一方。顾客L女士全身42%面积被烫伤，包括头脸、颈部、四肢等多处。此外，由于L女士烫伤后正在接受药物治疗，家中7个月大的孩子母乳喂养只能暂停。影响孩子身体健康已非小事，如果因这一事件给孩子幼小的心灵造成创伤那更是得不偿失。其次看当事服务员一方。小Z为自己一时冲动下的报复行为付出了高昂的代价。他因涉嫌故意伤害罪被警方刑拘，等待他的将是赔款坐牢，更重要的是美好人生可能就此毁掉。最后看火锅店一方。平日生意红火的这家火锅店因此事件被相关部门责令暂时停业，并先为L女士垫付了2万元的治疗费用，至于后续责任问题，还要等待法律的裁决。

这是一场没有赢家的事件。从造成的不良后果来看，感觉顾客L女士是受害者，让人心生同情，而服务员小Z是迫害者，让人愤恨。但有一句俗语说得好，“夏天穿棉裤，必定有原故”。服务员小Z和顾客L女士作为服务方与被服务方，二者之间的交往本应是提供服务和享受服务的过程，理应双方都满意才对，但是为什么会造成反转的结局呢？过程当中到底发生了什么？

我们来还原事件的真实过程。

某年某月某日，晚6时多，服务员小Z一如既往地在店里忙碌着。他正要给店内C1餐位的客人点火，这时他听到旁边C2餐位的一名女顾客（L女士）的呼叫："喂，服务员，给我们的汤锅加点水！"

服务员小Z看了一眼这位女士的火锅，见火锅里还有水，就告诉对方说锅里还有水。

顾客L女士："不行！快加水，要不然一会儿烧焦了怎么吃！"

服务员小Z没理会L女士，继续做自己的事情。

过了一会儿，服务员小Z想起该给C2餐桌加水了，于是拿着水壶走到了C2餐位近前，打算加水。

这时，顾客L女士瞪着眼睛说："你怎么这么慢？！"

服务员小Z听她这么一说，心里很不舒服，就说："你别带着情绪跟我说话！"

顾客L女士一听对方这话更有气了，就说："把你们经理找来，我要投诉你！"

服务员小Z"哼"了一声就走了。

L女士见服务员这样态度，一气之下在微博上投诉了小Z服务态度恶劣。

服务员小Z离开后并不知道自己被投诉的事，直到他在店内碰到了C经理。C经理告诉他被客人投诉并发到微博上，叫他跟客人好好沟通一下。

小Z听到自己被投诉，很是生气，立即返回C2餐位找L女士，并质问道："你是不是发微博投诉我了？！"

L女士："是啊！"

小Z："我有什么地方做得不对吗？你为什么发微博投诉我？"

L女士："你服务不好，我当然要投诉你。"

小Z看L女士针锋相对，便要求L女士到后台单独聊一下。

L女士当场拒绝，并骂了一句侮辱其母亲的脏话。

服务员小Z被彻底惹火了。小Z是单亲家庭，他很小时父母离异，一直跟着父亲长大，对侮辱自己母亲的脏话尤其敏感。小Z冲L女士吼道："你把那条投诉我的微博给我删掉！"见L女士没有理睬他，小Z更加生气。"你不删除微博是吧？咱们走着瞧！"甩下一句话就怒气冲冲地走了。

小Z越想越生气，就直接去厨房用一个塑料盒盛了半盒开水，然后走到C2餐位的L女士身旁，二话没说，直接将开水从她头上淋了下去……

按照TA理论，每个人都有三种自我状态。面对选择，你会呈现哪种自我状态？又如何决定呢？你的选择——决定模式直接导致最后的结果。

第一节 选择——决定模式

选择——决定模式是一种责任模式，强调每个人要为自己的决定负责。这个模式对于我们的沟通来讲意义重大，在这个模式中，选择是决定的前提。如何理解呢？比如从天津到哈尔滨，可以有如下选择：乘坐飞机、乘坐高铁、乘坐高速大巴或者自己开车。考虑到时间效率因素，最终决定乘坐飞机前往哈尔滨。其中，乘坐飞机、乘坐高铁、乘坐高速大巴或者自己开车就是选择，而乘坐飞机就是决定。正是因为有了多种选择，所以决定才显得更加科学、合理。

一、选择——决定模式下的沟通过程

用选择——决定模式来看沟通，其过程是这样的：一个人表达信息，另一个人接收信息并给予回应，表达者接收到回应的信息再进行新一轮表达，如此反复。在这个过程中有一个值得注意的细节，表达者在决定表达之前，有一个选择的过程，包括选择表达什么、怎样表达和用什么方式来表达等内容，而回应者回应之前也是如此。

在此过程当中，有两点需要注意：一是关于资源多少的问题，即可供决定的选择有多少个。二是关于时间长短的问题，即需要你立即决定还是延迟做决定。对于第一个问题，如果在表达和回应之前有更多的选择，那么你的表达和回应就会显得更加科学合理。对于第二个问题，我们应该清楚表达和回应是有时间限制的。有时时间很长，比如微信回复、邮件回复、三年合约的完成等。时间长的好处在于，让你有充分的时间思考（选择的过程）来决定如何回应。有时时间很短，像日常交流、工作沟通、会谈、销售面谈等。时间短的坏处在于，做决定时不会给你充足的时间用来思考，在这种情况下，沟通就很容易出现问题。出现沟通问题的原因在于，我们在决定之前或是顾不上选择，或是可供选择的资源太少，或是不假思考地就发出了信息，事后才觉得这样不妥。所以，增加选择和做决定的时间（如果你反应不够敏捷，你要养成稍后再回答的习惯）对提高沟通质量尤为重要。

二、选择——决定模式的应用

学习TA理论的好处就在于，在最终决定之前，会让你有多种“选择”，然后根据需要最终做出选择。学习TA理论，会让你变得更加沉稳而不再仓促地表达或回应。

在TA理论中，有三个带“决定”性质的词语，分别是早期决定、自主决定和再决定。三个词语中“决定“的含义各不相同。早期决定中的“决定”指的是一个人在小孩子的时候，从感觉而来，而不是出于深思熟虑，是一个人的儿童自我状态（C）所为。这种情形下，我们称之为他进入自己的“人生脚本”里了。自主决定中的“决定”与脚本无关，仅与当下有关，即当一个人正视当下环境时他内心的思考与决策，是一个人的成人自我状态（A）所为。再决定中的“决定”是改变的意思，是相对于“早期决定”来说的。既然早期决定是一个人的儿童自我状态所为，那么再决定也必须由儿童自我状态来完成。由此，在沟通中我们有三次“决定”的机会。第一次是早期决定还是自主决定，即你是用儿童自我状态还是成人自我状态来处理当下的问题。第二次是当我们进行自主决定时，如果有更多的选择，那么这个决定就会显得更加科学合理。第三次是决定之后关于如何改变的。TA理论坚信，人们既然有决定的能力就应该有再决定的能力。解铃还需系铃人，不论我们何时何地做了什么样的决定，这个决定都是可以改变的。这样的定义为人们犯错后的自我反思和改变提供了可能。

知晓了这一点，我们再与别人沟通时，就能知道哪种选择更适合当下所需，而不是进入自己的脚本里。这是选择——决定模式的第一次应用。同时，TA理论中我们掌握了众多概念，如“自我状态”“心理定位”“安抚”等，每一个概念都有细分概念，这样我们在沟通时就能在众多“选择”中挑选一个作为最终的决定。这是选择——决定模式的第二次应用。当信息不足时，即便一个人处于成人自我状态，有时也会有错误的决定发生，这种情况下，我们还可以进行再决定。这是选择——决定模式的第三次应用。

第二节
人生脚本的选择决定

“人生脚本”和“自我状态”一样，都是TA理论中核心的概念。关于人生脚本的理论，最早是由埃瑞克·伯恩和他的同事共同发展起来的。埃瑞克·伯恩对人生脚本做了一个沿用至今的定义：人生脚本是童年时针对一生的计划，被父母亲所强化，从生活的经验中得到证明，经过选择而达到高潮。

一、什么是“人生脚本”

看到“脚本”一词，大多数人在第一时间会联想到电影。埃瑞克·伯恩以及他的同事给这个概念最初命名时的灵感就来自这样的联想。脚本是表演戏剧、曲艺、摄制电影等所依据的本子，有开场、有剧情也有结局，由编剧以台词的方式创作出来，在导演的指挥下，通过演员的表演来呈现。对于演员来说，脚本就是一条条执行的文字命令，然后通过剪辑、后期制作，并最终以电影放映的形式展现在观众面前。

人生脚本与电影脚本大部分内容是相同的，区别在于，人生脚本不是通过角色分工完成的，而戏剧的编剧、导演、制作和演出等皆是一个人独自完成的。人从一生下来就开始创作，7岁之前差不多就编好了自己的人生脚本，之后陆续上演，剧情或曲折或精彩，而人生结局不外乎三种：赢家、非赢家和输家。

学习TA理论，能够帮助我们在生活和工作中意识到何时进入了人生脚本里，之后自己有什么样的表现。知道人生脚本是早期决定的结果，你的人生将有不一样的选择。

二、人生脚本的选择决定

人生脚本是我们早期决定的产物，是一个人在小孩子的时候，受外界影响，从感觉而来，并不是出于深思熟虑的结果。成年后，受某些因素的影响，在感受到压力的情况下，会不由自主地进入到自己的人生脚本里，用儿时的方式来处理成年人当下的问题。

关于成年人进入脚本的情形，艾恩·史都华和凡恩·琼斯合著的《人际沟通分析练习法》一书中对此有清楚的描述："就成年人而言，有时会重演婴儿时所决定的计划，这时我们会把此时此地的现实，当成儿时做决定时所认为的世界，这么做时我们就是进入了脚本里，或者说我们表现着脚本的行为或感觉……。一旦进入脚本里，我们就会试图以儿时的方式来处理成年人的问题，结果当然会产生与儿时同样的结果。当我们得到这种不舒服的结果时，就会在儿童自我状态里告诉自己：你看，我就知道世界和我'决定'的一模一样。每当我们以这种方式确认自己脚本信念时，就向脚本的结局走近了一步。"我们想想看，与儿时相比，人变了，环境也变了，此时用儿时的决定（早期决定）来处理现今的问题，结果可想而知。

为了理解上述内容，我们来看下面的例子。

同事小张，他说自己有个毛病，每次听到领导叫他去办公室，他就莫名其妙地紧张，且伴随着手心大量地出汗。同事帮他分析原因。原来，他小时候很淘气，贪玩，不爱学习，从幼儿园起就经常被老师叫到办公室批评，老师管不了就告知家长，父亲更是严厉有加，批评训斥甚至拳脚相向。所以无论老师还是父亲，批评他的时候他都会紧张，手心出汗，特别是面对父亲的时候。于是他给自己下了一个早期决定：人一犯错误就要受到大人的批评，此时我是不好的。长大以后，当领导叫他到办公室的时候，他就条件反射似地呈现出适应型儿童自我状态，一下子就回到了当年犯错误挨批评的情景里，就会想，“我又犯了什么错误？”紧张、手心出汗，同时伴随着这个不好的想法出现。

这时，我们就说他进入自己的人生脚本里了。其实，当他接收到领导叫他去办公室的信息后，完全可以选择不进入脚本里，而是用自己的成人自我状态做这样的思考：领导找我一定有什么事情，见面就知道了。然后自然地走进领导办公室。

在“火锅店热水浇人事件”这个案例中，我们也发现了脚本的信息。对于小Z来说，很小时妈妈就与爸爸离婚了。不管什么原因，这对一个孩子来说心理影响是非常大的。在成长过程中，当看到别的小朋友有妈妈陪伴的时候，他就会有自卑感，仅在这一点上，他是有“我不好，你好”的心理定位的，所以他对一切与“妈妈”有关的话题都很敏感，也绝不允许别人说他妈妈的坏话。这就是他的早期决定。同时，由于妈妈不在身边，他与女性如何相处的经验是缺失的，而妈妈的角色又是别人无法代替的。所以当L女士出言不逊时，他认为是对妈妈莫大的侮辱，这样的刺激（压力）一下子让他进入了脚本里，于是采用极端的方式进行报复。

作为一个成年人，每当遇到问题，通常会有两种选择：一种是进行自主决定，用成人自我状态进行思考、判断，然后进行决策；另外一种是进入自己的脚本里，启动自己的早期决定，来处理当下所面临的问题。

第三节
自我状态的选择决定

我们已经知道，每个人都有三种自我状态，埃瑞克·伯恩把其中的父母自我状态和儿童自我状态进行了细分，实际上是五种自我状态。细分前与细分后的自我状态类型，如表7–1所示。

表7–1　细分前与细分后的自我状态类型

细分前的三种自我状态	细分后的五种自我状态
父母自我状态（P）	控制型父母自我状态（CP）
	养育型父母自我状态（NP）
成人自我状态（A）	成人自我状态（A）
儿童自我状态（C）	自由型儿童自我状态（FC）
	适应型儿童自我状态（AC）

学习自我状态的意义在于，它让我们掌握了一种新的沟通语言。两个人的沟通，就是两个人使用彼此的自我状态在沟通。由此，埃瑞克·伯恩总结出沟通的三种模式：互补式沟通、交错式沟通和隐匿式沟通。但在实践中我们发现，每个人都清楚自己有五种自我状态，同时，我们也知道三种沟通模式的存在，但最终决定使用哪种自我状态，运用哪种沟通模式，仍然会出现问题。为什么呢？原因不外乎有两方面：一是由于时间过于仓促，出现了错误的决定；二是受自己、他人或环境的影响而进入到了脚本里，启动了早期决定。

下面，我们来看看“火锅店热水浇人事件”中双方的自我状态的使用问题。

L女士说：“不行！快加水，要不然一会儿烧焦了怎么吃！”又瞪着眼睛说：“怎么这么慢？！”“把你们经理找来，我要投诉你！”最后在微博上投诉了服务员小Z。

从双方的言行和言行后对方的反应两个方面，不难判断顾客L女士在事件中呈现出了负能量的控制型父母自我状态。她一直企图用她的强势来控制服务员顺从自己，从而达到被尊重的目的。因此，我们可以判断出顾客L女士当时的心理：我来就餐，我就是你们的“上帝”，你就应该让我满意。但事与愿违，她碰到的不是一个“听话”的适应型儿童自我状态的小Z，而偏偏是一个有着逆反心理的适应型儿童自我状态的服务员；而小Z的这种状态，恰恰是因为她的“过度控制”而引发出来的。控制越强，对方这种心理负能量越强烈，一旦超过了控制线，就会采取某种方式给予还击。可以说，小Z受L女士的影响，头脑一热，进入了脚本里，错误地使用了自我状态，并造成了最后的结局。

不管是时间仓促的问题还是进入脚本里导致的问题，都可以通过提高自己成人自我状态的能量来解决。成人自我状态能量提高了，遇事就可以做到三思而后行，这样对最终决定使用哪种自我状态是有帮助的。但是提高成人自我状态的能量要适度，让其稍稍领先于其他自我状态，过强则适得其反。由“成人”来主导“团队”的工作，使五种自我状态相互协作，一致对外。做到这一点，就能在一定程度上减少决定上的错误。

与第一个时间仓促的问题相比，选择不进入脚本里更难控制些。我们知道，影响沟通的要素有三个——沟通主体、沟通客体和沟通环境，也就是沟通三角理论。由于人是生活在社会系统中，决定使用什么样的自我状态不仅取决于个人这个因素，还取决于对方的自我状态的影响因素，当然还有环境的制约因素，而这三个因素都有可能让一个人进入到自己的脚本里。

一、个人因素对自我状态的选择决定的影响

每个人每一天的每一时每一刻都在用三种自我状态来工作和生活。选择使用哪种自我状态与他人沟通，决定着我们的生活质量和工作质量。

受成长环境的影响，每个人的自我状态成长水平参差不齐。在生活和工作中当遇见似曾相识的人、事或者环境的时候，在压力作用下，人很容易掉进自己的脚本里，无法自拔。当然你还有另外一种选择，选择进入自己的成人自我状态里，利用它来帮助你自主决定。这就给我们提供了成长的可能。下面通过案例来说明。

孙教授2014年9月15日订好了机票，准备17日从天津出发到大连出差，去参加北京某研究院课题组的课程研讨会。会议地点在大连金州开发区，会议时间为17日上午10时，天津到大连两地飞行时间为55分钟。

16日傍晚，该航空公司服务人员打来电话，说因人数不足此航班取消，建议孙教授机票改签（改天或当天改乘别的航班）。16日已没有其他起飞的航班，17日有一班9时飞往大连的航班。我们可以算一下时间，如果按照对方的建议改乘9时的航班的话，9时50分落地，然后机场到金州开发区在不堵车的情况下最少得需要50分钟，到达与会地点已是10时40分。也就是说，这两种情况对孙教授都不适合。

如果是你，在这种情况下会有什么样的反应？这种情况下，通常人们有两种选择：一种是进入脚本里，立即出现恐慌、自责、大脑一片空白等情形，随即对电话中的服务人员或该航空公司大发脾气。这样的反应对解决问题毫无帮助。另外一种选择是不进入脚本里，而是让自己处于“我好，你也好”的心理定位，由成人自我状态帮助你解决问题。越是这个时候你越需要冷静，理清头绪。你清楚地知道，改变航程不是自

己的问题，而是对方的问题。此时最重要的是解决眼前的困难，你可以给研讨会的举办方打电话说明情况，并与举办方重新确定一个行程方案。

强大自己的成人自我状态，可以帮助你自主决定，同时也会减少你进入脚本里的次数，因为你在决定之前有思考、有辨别。当然，其他四种自我状态也要相应地成长或改变。

二、对方因素对自我状态的选择决定的影响

《孙子兵法》有云："知彼知己，百战不殆；不知彼而知己，一胜一负；不知彼不知己，每战必败。"所以，我们在与别人沟通的时候，不是先想着使用自己的哪种自我状态，而是要先觉察对方的自我状态，然后再决定使用自己的哪种自我状态。有人担心这样做"太在意别人，会失去自己"，当然不会。因为这样做并不意味着被动地顺从、适应甚至阿谀奉承，而是建立在你拥有以强大的成人自我状态为首的自我状态群的基础上，你会依当下所需和对结果的考虑最终决定使用自己的哪一种自我状态与之交流，这就是自主的决定。

与个人的自我状态一样，对方的自我状态也会受到诸如家庭环境、养育者人格特质、成长经历等因素的影响，在沟通中，也会面临着早期决定（进入到脚本里）和自主决定的选择问题。对方没有进入脚本里，我们可以决定用适合的自我状态与之沟通；当对方进入脚本里，我们也可以决定是继续与之沟通还是放弃。

三、环境因素对自我状态的选择决定的影响

在《审时度势》一章中，我们提出了这样一个观点：两个人在沟通的时候，自我状态往往会受到沟通环境的影响。不是外部环境的影响，就是心理环境的影响，或者外部环境和心理环境的双重影响。对此我们要敏感。如何让自我状态与沟通环境相匹配，建议大家平时要注意总

结，在什么样的外部环境和心理环境下，容易错误地体现自我状态，使自己一下子进入脚本里，这不利于问题的解决；在什么样的外部环境和心理环境下，正确地体现了自我状态，从而有利于解决当下问题。经过这样的思考和总结，当再遇到此类沟通环境的时候，你就会有所觉察，避免再次掉进脚本里。

决定的质量取决于你有没有选择。无论是个人的因素、对方的因素还是环境的因素，每一个因素里都有选择的存在，选择不是多多益善，适合的才是最好的。

第四节 心理定位的选择决定

心理定位就是个体在遇到外界刺激源之后相应而生的信念，这个信念控制着他对这一刺激的看法、解释和评价。

一、心理定位的选择和决定

在“火锅店热水浇人事件”案例中，我们通过对L女士自我状态以及由此带来的服务员小Z的心理及言行的反应的分析，可以明显地判断出顾客L女士一开始的心理定位就出现了问题。她没有选择“我好，你也好”的心理定位，而是选择了“我好，你不好”的心理定位，这是一种居高临下来看待他人的心理，也就是她没有用平等的眼光来看待服务员小Z。我们知道，心理定位决定了思维、情感与言行的呈现方式，正因为此，她的语气和语调才会让服务员小Z听起来有不舒服的感觉。

如果L女士当时选择“我好，你也好”的心理定位，那样会如何表达呢？如果选择“我好，你也好”心理定位，她的第一句话可能是：“服务员，麻烦您给我们汤锅加点水，好吗？”这样的语气是平和的、自然的、不卑不亢的，不带有任何情绪。如果是这样，任何一个服务员都会感受到尊重，绝不会在心理上有不舒服的感觉，也一定会满足她的要求。可惜，她没有这样做。

如果小Z因L女士的不尊重，而仅仅处于“我好，是你不够好”的心理定位，他是不会采用如此极端的行为来报复对方的。那么，是什么样的心理定位让小Z失去理智呢？是他的“我不好，你也不好”的心理定位。小Z很小时父母离异，这样的遭遇对于一个孩子来讲，在心理上有着巨大的破坏力和深远的影响力。从这一点上，小Z有着“我不够好”的心理前提。可是后来，L女士偏偏碰触到了他的痛点，让小Z彻底失去了理智，于是“我好，你不好”的心理定位发生转变，转变到“我不够好，你也别想好”的心理定位上。在这样的心理定位作用下的行为，注定两败俱伤，于是悲剧发生了。

重要的是选择和决定。每个人都有不同的心理定位，但人们往往惯常使用某一种心理定位，而这也正是我们日常沟通效率低下或经常出现问题的原因。上述案例中，如果这位L女士只惯常使用“我好，你不好”的心理定位，以后或许还会与别人发生冲突。

决定的质量取决于你有什么样的选择。TA理论认为，每个人都有四种心理定位，掌握四种心理定位的好处在于，可以让我们在遇事之前知道有四种选择，使我们在沟通中的每一次决定（表达和回应）变得更加科学合理，还可以帮助我们诊断自己之前的心理定位是否存在问题，以提高自己的决定质量。

二、选择和决定心理定位的注意事项

对于选择和决定心理定位，需要注意以下三点：

第一，由于人是生活在社会系统中的，具体启动什么样的心理定位既有自身的成长因素，也有对方的影响因素，当然还有环境的制约因素。也就是说，我们要有系统的思维，而不能仅仅考虑自己此时处于哪种心理定位。

第二，我们说一个人活在当下，通常是处于“我好，你也好”的心理定位，而进入脚本里，通常处于“我好，你不好”“我不好，你好”或“我不好，你也不好”的心理定位。

第三，肯定“我好，你也好”的心理定位，但并不是要否定其他三种心理定位，认为其他的三种心理定位都是不好的。关键在于根据现实需要而决定启动哪种心理定位。这体现着我们作为个体的自主性。当然，遇事要尽量启动“我好，你也好”的心理定位，因为这种定位最具有现实价值。

第五节 安抚的选择决定

前面章节中，阐述了安抚的内容及使用技巧，这里主要谈的是使用安抚时如何科学决定的问题，涉及两方面的内容：一是安抚种类；二是使用技巧。

任何一种沟通其实都是安抚的交换。从接受者的角度，三种安抚（正面安抚、负面安抚和零安抚）给别人的感受是不同的。正面安抚会带给接受者愉快的感觉，使人亲近；负面安抚会带给接受者不舒服的感觉，让人疏远；而零安抚会带给接受者不安、迷茫、信心受挫、郁闷、自责和焦虑等心理感受，严重的会带来心理伤害。基于此，我们在使用安抚时，要做到心中有数，不能随意而为。

在“火锅店热水浇人事件”案例中，很显然，L女士使用的是让服务员小Z心理上不舒服的负面安抚。有舍必有得，她施予的是负面安抚，自然她得到的也是负面安抚了。

再从刺激强度上来看，L女士给予小Z的负面安抚的强度并不大，但是负面安抚的强度大小不是施予者认定的，而是由接受方决定的。对于接受者——服务员小Z来说，一句辱骂的话却是一个让他内心无法承受的刺激，遂让他产生了报复心理，他还给对方的就是那个极端的负安面抚——热水浇头。因为只有这样做，才能让他一解心头之恨。

由此我们发现，在决定使用哪种安抚之前一定要考虑三个因素：个人因素、对方因素和环境因素。案例中的L女士正是因为没有考虑对方的安抚风格，更没有考虑环境因素（场合和小Z的心理感受），所以才酿成大错。任何一种沟通其实质都是安抚的交换，所以沟通三角理论同样适用于对安抚的分析。

一、对方的安抚风格

安抚是一对一或一对多的交流，在决定使用哪种安抚之前我们要做好知彼。知彼是指你要尽可能地了解对方的安抚风格，因为不同的人需要不同的安抚。有的人喜欢夸奖他的长相和穿着，有的人喜欢称赞他所做的事；有的人可以接受拥抱，有的人却只能接受握手；有的人能接受严厉的批评，而有的人连别人善意的玩笑都接受不了。知彼的情况下，才能保证你使用的安抚是对方所需要的。如果你不知彼，最保险的做法就是尽量对别人使用正面安抚，如果案例中L女士一开始这样表达：“服务员，麻烦您给我们汤锅加点水，好吗？”可能就不会发生后边的事情了。

二、个人的安抚选择

先知彼后知己，先了解对方的安抚风格，然后明确自己的安抚风格，也就是我们决定使用哪种安抚。

首先要清楚安抚有三类：正面安抚、负面安抚和零安抚。这是我们的选择范围。然后进一步明确是使用口语安抚还是非口语安抚，是使用有条件的安抚还是无条件的安抚。接下来，要了解自己的安抚风格。方法就是对照安抚分类，按照以往使用的频率，回想一下自己平时习惯使用什么样的安抚。安抚高手总是能在合适的时间、合适的地点施予对方需要的安抚。

三、使用安抚还要考虑环境因素

通过对“火锅店热水浇人事件”案例的分析我们知道，安抚的使用必须考虑环境因素。正面安抚看起来是最好的，应用的面最广，但如果不考虑环境因素，也会起到相反的作用。比如，一个人去参加婚礼，对朋友来说亲临现场本是一个正面安抚，但他恰恰处于服丧期间这就不合时宜了。负面安抚看起来是不好的，但有时换个环境也会达到意想不到的效果。比如，面子在中国人眼里一向很重要，所以在工作中讲究“当面表扬，背后批评”，有人称这是领导的艺术，但你作为领导偏偏不在意，无论大错小错，就喜欢当众批评员工，根本不顾及他人的感受，结果员工满是怨气。如果你换个环境，选择背后批评，或许对方还会对你感激不尽。零安抚看起来一无是处，但如果巧妙利用环境因素，也会发挥意想不到的作用。《三国演义》中诸葛亮智激黄忠用的就是这一招。

曹操平汉中，并派大将夏侯渊、张郃等留守。刘备趁曹操立足未定，率将进兵汉中。孔明聚众将于堂上，说："今南郑紧急，必须往阳平关取回马超，方可退夏侯渊。"法正说："马超屯兵阳平关，镇守汉中，亦是紧要之地，不可取回。可于帐中诸将内选一人去破夏侯渊。"孔明说："夏侯渊骁勇莫敌，除非马超、翼德，无人可当。"忽一人厉声出："军师为何轻视众人！我虽不才，愿斩夏侯渊首级，献于麾下。"众人齐看，是老将黄忠。孔明说："汉升虽然英勇，怎奈年老，恐非夏侯渊敌手。"黄忠听了，白发倒竖："我虽然老了，两臂尚能开三石之弓，浑身还有千斤之力：难道不足敌夏侯渊匹夫！"

诸葛亮明知道老将黄忠能退夏侯渊，但为了激发他的斗志，于是决定对其采用零安抚，刻意"忽略"老将黄忠的能力，对老将黄忠来说，这是一种轻视，甚至可以说是羞辱。于是挺身领命，斩了夏侯渊，夺了定军山，进而帮助刘备夺取了大半个汉中地区。

需要指出的是，三种安抚没有绝对的好与坏之分。正面安抚使用不当，会适得其反；负面安抚使用得当，则会使一个人反省洞明；恰当地把握一定度的零安抚，也会让人警醒或者受到激励。这里的关键在于你能否审时度势地恰当选择决定。

第六节
情绪管理的选择决定

在外界诱因作用下，各种情绪通常伴随着沟通出现，好的情绪有利于沟通结果的达成，而不好的情绪往往破坏沟通的进展。

在"火锅店热水浇人事件"案例中，我们发现顾客L女士和服务员小

Z在情绪管理方面都存在着问题。顾客L女士第一句话的态度就不好，我们无从知晓是什么原因，但小Z最后的情绪爆发的确因L女士引起，最终两个人都没有得到好处，落得个双输的结局。可见，管理自己的情绪是非常必要的，而在TA理论中有一个概念恰恰能够帮助我们管理自己的情绪，这个概念叫“感觉”。

一、情绪和感觉的关系

在TA理论中提到过两个感觉：一个是扭曲的感觉，另一个是真正的感觉。《人际沟通分析练习法》中对二者分别下了定义。

扭曲的感觉，一种常常出现的情绪，是在小时候习得的并受到鼓励，会在各种有压力的情形下出现。就成人的眼光来看，这种情绪无助于问题的解决；从这个概念上来看，顾客L女士和服务员小Z在情绪上都出现了扭曲的情况。

真正的感觉，是指我们在很小的时候，还没学会按照别人的意思来表达感觉时的感觉。就成人的眼光来看，这种“感觉”有助于问题的解决。

从概念当中，我们发现感觉等于情绪。在外界压力下人们通常会产生应激反应，这个反应共分为三步：第一步产生感觉（看到、听到、闻到、触摸到人或事物的个别属性），第二步产生内在的感受，第三步产生情绪（情绪是感受的外部表现，别人能够观察到的）。比如，丈夫喝醉酒回到了家里，妻子看到他走路不稳，听到他说话语无伦次，又闻到浓浓的酒味，这都是感觉；心里想，“又喝醉了，几乎每天都是这样”，心理非常不满，这是感受；由此很生气，甚至愤怒，抑或是哭泣，这便是情绪。我们能直观看到的就是情绪，但三者是密切联系在一起的，甚至有时让我们觉得同时发生。

在TA理论中“感觉”是个广义的概念，包括了感受和情绪。

扭曲的感觉与真正的感觉本质的区别是什么？真正的感觉能够帮助

你解决当下的问题，而扭曲的感觉无法帮助你解决问题。我们来看一个案例，案例中的D先生和客服代表很好地诠释了这两种感觉。

D先生的儿子考上了大学，一家三口决定用“海岛游”的方式庆祝孩子金榜题名。他们选乘的是奥凯航空公司宁波——三亚的航班。在订完票的第二天，D先生接到了航班取消的通知，面对妻子的抱怨和孩子失望的眼神，D先生一怒之下将不满发泄到了工号为8026的奥凯航空客服身上，在通话过程中D先生使用了攻击性的语言并且不允许该客服人员说话和按静音。客服代表含着眼泪听完了D先生愤怒的投诉。多年的工作经验和职业素养使该客服人员稍后从委屈中恢复了过来，她了解到D先生的情况之后，立即与各方联系，并迅速为D先生制订出两种方案：第一种方案，由于宁波——三亚航线目前所有航空公司均无航班，D先生可签转至其他航空公司的宁波——海口航班，到达海口机场后，奥凯航空公司相关工作人员可以为其提供接机服务，同时，将他们送至通往三亚的动车上，最终抵达三亚；第二种方案，签转其他航空公司的杭州——三亚航班，奥凯航空公司工作人员可以在杭州机场协助D先生一家办理转乘机手续，最终抵达三亚。经过斟酌后，D先生选择了第二种方案出行。

事后在对D先生的投诉进行回访时，D先生感慨地说：“当时我接到航班取消的通知时确实很愤怒，于是我将怨气全部发泄到了奥凯航空的客服代表的身上，但这名客服人员表现出来的冷静和为我提供的补救方案确实让我钦佩和感激，希望这位女士能够接受我的歉意！”8026号客服代表也表示：“换位思考，旅客的一时激动可以理解，他的歉意让我的努力获得认可，也让我感到旅客的温情。”

我们来分析一下这个案例。当接到航班取消的通知后，面对妻子的抱怨和孩子失望的眼神，这三方面的压力使D先生进入了脚本里，表达的是扭曲的感觉——发怒（使用了攻击性的语言）。这种情绪不能帮助他解决任何问题？D先生的问题解决的根源不在于他表达了扭曲的感觉，而是遇到了一位能够表达真正感觉的客服代表。虽然因D先生的压力，8026号客服代表第一时间进入了脚本，表达了扭曲的感觉（委屈得掉眼泪，这无法帮助她解决D先生所遇到的问题），但凭借着多年的工作经验和职业素养使该客服人员很快从委屈中恢复了过来，了解到D先生的情况之后，立即与各方联系，并迅速为D先生制订出两种方案，最终帮助客户解决了问题。试想，如果客服代表因D先生的愤怒和随后的语言攻击而进入脚本里，表达的是扭曲的感觉（一直委屈而哭泣或者也以愤怒相对），这个航班取消后的应对方案是不会制订出来的，D先生的问题也会越闹越大，最终两败俱伤，谁也得不到好处。

我们再来看"火锅店热水浇人事件"这个案例，如果L女士不使用扭曲的感觉，而是使用真正的感觉来与服务人员交流，是不会发生后面浇汤事件的，其过程应该是这样的：

某年某月某日晚6时多，服务员小Z一如既往地在店里忙碌着，他正要给店内C1餐位的客人点火，这时他听到了旁边C2餐位的一名女顾客（L女士）的呼叫："服务员，麻烦您给我们汤锅加点水，好吗？"

服务员小Z："稍等，我马上过去。"

小Z过去看到火锅里还有水，就对L女士说："锅里还有水，您先吃着，我这就给您取水去。"

顾客L女士："好的，谢谢！"

服务员小Z说声"不用客气"，转身就去后厨取水了。不一会儿，就拿着水壶走到C2餐位近前，为L女士的汤锅加上了水。

L女士对小Z这样高效率的服务很满意，就对小Z说："你叫什么名字？你的服务态度真好，我要到你们微博上给你点个赞！"

服务员小Z听她这么一说，心理舒服极了，就笑着说："姐，不用了，对您的服务是我应该做的。您若是认为我的服务好，您以后就常来我们店，或者介绍给您的朋友也行！"说完抛下一句"有需要您可以随时叫我"就忙别的客人去了。

见服务员小Z有这么好的服务态度，顾客L女士非常满意，这家火锅店也给她留下了非常深刻的印象。在临走之前，特意去微博上表扬了服务员小Z的服务，而小Z也由此得到了店里的表扬和月度的奖励。

如果服务员小Z不使用扭曲的感觉，而是使用真正的感觉来面对L女士的负面情绪，也不会发生后面的浇水事件。其过程应该是这样的：

某年某月某日晚6时多，服务员小Z一如既往地在店里忙碌着，他正要给店内C1餐位的客人点火，这时他听到了旁边C2餐位的一名女顾客（L女士）的呼叫："服务员，给我们汤锅加点水。"

服务员小Z看火锅里还有水，就告诉对方说："锅里还有水！"

顾客L女士："不行！快加水，要不然一会儿烧焦了怎么吃！"

服务员小Z听后也很生气，但很快恢复常态，应答道："好的，我这就过来。"

过了一会儿，服务员小Z想起该给C2餐桌加水了，于是拿着水壶，走到了C2餐位近前，打算加水。

这时，顾客L女士瞪着眼睛说："你怎么这么慢？！"

服务员小Z听她这么一说，心里很不舒服，但他控制住自己的情绪，说道："对不起，让您久等了。"

需要提醒大家的是，受脚本影响，人们在表达扭曲的感觉时，通常有三种表达方式：一是当即表达，二是延迟表达，三是积攒到一定程度再表达。比如，员工受到领导批评，有的员工当即表现出非常生气，这就是当即表达。有的员工当时选择了隐忍，但回到家里和妻子大吵了一架，而妻子会感觉到莫名其妙，这是该员工把从领导那产生的扭曲的感觉发泄到了别人身上，这是延迟表达。第三种情况，在一段时间内，这位员工会把这个领导对他所有的批评而产生的“怨气”累积起来，累积到一定程度，再进行一次集中高强度的发泄。轻者会和领导大吵一架，严重的可能会对领导施予暴力。在TA理论中把后两种情况称之为“累积点券”。点券积攒得越多，负能量越强，产生的破坏力越大。“火锅店热水浇人事件”中的小Z就属于第二种或者第三种情况。

重要的是选择和决定！在外界诱因作用下，人们通常会表达自己的感觉并由此而产生行为。这个时候特别考验一个人情绪管理的能力。此时，人们通常有两种选择：一种选择是进入脚本里，表达扭曲的感觉，这样的表达对解决问题丝毫不起作用；另外一种选择是不进入脚本里，来表达真正的感受与情绪，这样的表达对你解决问题很有帮助。

如果你受脚本影响，表达了扭曲的感觉，不要忘了这时候还有选择，一种是当即表达，另外一种是延迟表达，还有一种情况是积攒到一定程度再表达。当然我们要尽力避免进入脚本里来表达扭曲的感觉，因为毕竟我们的目的不是为了发泄而是为了解决当下的问题。

二、避免掉进脚本陷阱——再决定

本章结合“火锅店热水浇人事件”这个案例，我们学习了影响人际沟通的人生脚本、自我状态、心理定位、安抚和感觉（情绪管理）等理论下的选择——决定模式。这种模式能够帮助我们有效提升沟通质量。这个模式应用效果如何，完全取决于一个人人格的健康程度，特别是其成人自我状态的能量强大与否。成人自我状态能量强，就会按照选择——决定的模式来运行，从而帮助我们解决问题；如果成人自我状态能量弱，就容易进入脚本里，不经选择而按照小时候的习惯来运行“早期决定”，从而出现自己不想要的结果。实际上我们无法保证每次都不掉进脚本的陷阱里，如果一旦掉进“陷阱”，该怎么办？还有最后一道防范——再决定。

TA理论坚信，人们既然有决定的能力就应该有再决定的能力。不论我们何时何地做了什么样的决定（这里的决定更多指的是早期决定，也包括信息不足情况下的自主决定），这个决定都是可以改变的，埃瑞克·伯恩叫它再决定。

再决定是相对于早期决定提出来的，再决定的提出为人们犯错误后的自我反思和改变提供了可能。说错话、做错事后的道歉；因自己的原因使别人受到损失而决定采取赔偿的措施；犯罪后不是一错再错，而是及时收手，投案自首：这些都是很好的再决定的范例。

试想，如果“火锅店热水浇人事件”中的服务员小Z有再决定的意识和能力，双方言语冲突后及时采取补救措施，就不会出现“热水浇人”的严重后果了。

当然，世界上没有“如果”和“假设”的活法，你做了就会有结果，所以我们还是少使用“再决定”为好。

学习的目的是为了应用。经过实战中的体验、反思、整合和应用，慢慢地你就会提高自己的沟通能力，如果再努力一些，你完全可以成为一个沟通高手。

参考文献

［1］杨眉，［瑞典］托马斯·欧嘉瑞. 人际沟通分析学［M］. 北京：中国人民大学出版社，2013.

［2］［美］安尼玛丽·卡拉西洛. 团队建设［M］. 于军, 译. 上海：上海远东出版社，2002.

［3］［瑞典］托马斯·欧嘉瑞，安妮卡，罗南. 人际沟通分析——TA治疗的理论与实务［M］. 黄珮英，译. 成都：四川大学出版社，2006.

［4］［美］哈里斯. 我好——你好［M］. 林丹华，周司丽，译. 北京：中国轻工业出版社，2008.

［5］度阴山. 知行合一王阳明2——四句话读懂阳明心学［M］. 北京：北京时代华文书局，2015.

［6］徐丽丽. 四大沟通模式［M］. 武汉：长江文艺出版社，2014.

［7］程社明. 职场论语［M］. 北京：新华出版社，2013.

［8］程社明. 你的船 你的海——职业生涯规划［M］. 第2版. 北京：新华出版社，2012.

［9］Cindy Bin. 奥美：让员工的创意开花结果. 世界经理人网站，2006-09-21.

［10］Jenny Ding. 2006十大管理实践之八：营造创新环境. 世界经理人网站，2006 -12-19.

［11］Deidre H. Campbell. 伟大公司的人才文化. 商业评论网，2012-03-21.

［12］最新心理研究显示：中国人惯听表扬不喜批评. 525心理网.

［13］李天田. 让公司变成俱乐部. 中外管理杂志网站，2014-01-16.

“新时代企业成长书架”系列书

互联网风暴来袭、新的商业模式随着互联网的浪潮孕育而生，传统的企业管理与运营模式正在接受一场全新的洗礼与挑战。

基于当前企业管理运营中存在的疑点、难点、痛点，企业管理出版社与北京金师起点文化传媒携手国内经营管理的前沿讲师、学者及业内专家匠心打造了“新时代企业成长书架”系列书籍，包括“互联网+”产业升级书系、“互联网+”新商业模式书系、新资本时代书系、管理新思维书系、众创指南针书系等几大书系，并细分为资本运营、管理技能、市场营销、人力资源、生产管理、公司治理、创业之路、商业模式运营等多个选题出版方向。

“新时代企业成长书架”诚邀企业界、培训界及商界名流及专家学者加盟合作出版，共同打造出有料、有趣、有生命力的作品，惠及广大读者以及一线的经营管理者。